Inhalt

Aus dem Vorwort
  zur französischen Ausgabe   11

Einleitung   13
  Ist die Liebe eine Tugend?   14
  Die Liebe ist keine Pflicht   16
  Die Moral ahmt die Liebe nach   19
  Das Recht und die Höflichkeit ahmen
    die Moral nach   27
  Wann hören wir auf, so zu tun als ob?   33
  Die drei Formen der Liebe:
    Eros, Philia, Agape   35

Eros oder die leidenschaftliche Liebe   38
  Das Paradox des Gastmahls   40
  Die Rede des Aristophanes: Die Illusionen
    der Liebe   43
  Die Erfahrung widerlegt Aristophanes   49
  Die Rede des Sokrates: Die Wahrheit
    über die Liebe   54
  Die Liebe als Mangel   57
  »Es gibt keine glückliche Liebe«   59
  Drei Beispiele   62

Vom Mangel zur Langeweile 68
»Die rechte Art, sich auf die Liebe zu legen«
   (nach Platon) 73
Was Platon nicht erklärt 83

Philia oder die Freude an der Liebe 84
   Die Liebe dessen, was nicht fehlt 84
   »Lieben heißt sich freuen« 87
   Die Begierde als Macht 89
   Das Glück zu lieben 94
   Eine spinozistische Liebeserklärung 98
   Mit dem besten Freund ins Bett gehen? 105
   Kann die Leidenschaft dauern? 107
   Die Wahrheit des anderen 112
   Liebe und Einsamkeit 118

Agape oder die uferlose Liebe 122
   Was kann das für eine Liebe sein,
      die Gott ist? 123
   Nächstenliebe 127
   Liebe als Rückzug (Simone Weil) 128
   Elternliebe 131
   Die Schöpfung und das Problem des Bösen 135
   Sanftmut oder Nächstenliebe in der
      Paarbeziehung 139
   Die Selbstliebe 141
   Begehrende Liebe oder schenkende Liebe? 145
   Die uferlose Liebe 147

Schluss 149
  Nehmen oder geben 149
  Universalität der Liebe? 154
  Gott und die Liebe 157
  Woher kommt die Liebe? 160
  Die Gnade zu lieben 162

*Aus dem Vorwort
zur französischen Ausgabe*

Dieser Aufsatz ist ursprünglich ein Referat über die Liebe, das ich schon oft gehalten haben und um dessen Text man mich immer wieder gebeten hat. Ich habe es für die Buchform sorgfältig durchgesehen und Verbesserungen vorgenommen, wo sie mir angebracht erschienen. Trotzdem blieb dem Geschriebenen der ursprüngliche mündliche Charakter erhalten – mit allen Schwächen, aber vielleicht auch gewissen Vorzügen, die daraus resultieren. Man sollte keinesfalls schreiben, wie man spricht, und noch viel weniger sprechen, wie man schreibt. Aber diese beiden Äußerungsformen können sich gegenseitig befruchten.

In dem Vortrag über die Liebe ging es mir vor allem darum, das Thema des letzten Kapitels aus meinem Buch *Petit traité des grandes vertus* (deutsch: *Ermutigung zum unzeitgemäßen Leben*) wiederaufzunehmen, fortzuführen und etwas lebendiger zu gestalten. Daher ist es nicht verwunderlich, dass es um dieselbe Problematik geht. Bei der Korrektur des Mitschnitts überraschte mich, dass sich dieser Vortrag in einigen Punkten mit einem Aufsatz überschnitt, den ich vor einigen Jahren unter dem Titel *Le bonheur, désespérément* veröffentlicht hatte. Das war keine Absicht (in beiden Fällen handelt es sich um frei gehaltene und teilweise improvisierte Reden, was selten ohne Überraschungen und gelegentliche Wiederholungen vonstatten geht), aber auch kein Zufall. Wie können wir vom Glück reden, ohne von der Liebe zu reden? Wie können wir an die Liebe denken, ohne uns nach dem Glück zu fragen, auf das sie abzielt oder von dem sie träumt, das sie ermöglicht oder erschwert? Ich hielt es nicht für erforderlich, diese Wiederholungen zu vermeiden, da sie mir eher aufschlussreich als störend erschienen. Es ist, als bahne man einen Weg, ohne es zu wollen, sogar ohne es zunächst zu merken, einfach weil man dieses Gebiet betritt. Andere, die nach uns kommen, werden ihn benutzen: Unsere Spuren können ihnen helfen, sich zurechtzufinden.

Einleitung

Parlez-moi d'amour – »Sprich mir von der Liebe« – heißt es in dem Chanson, und genau das wollen wir tun. Wir brauchen keine langen Vorreden, um die Wahl des Themas zu rechtfertigen: Ein interessanteres Thema als die Liebe gibt es nicht. Fast nie. Für fast alle. Zum Beispiel wenn Sie abends mit ein paar Freunden essen gehen. Das Gespräch kann sich mit der politischen Situation beschäftigen, mit dem letzten Film, den Sie gesehen haben, mit Ihrem Beruf, Ihrem Urlaub – das alles kann sehr interessant sein. Doch wenn einer der Tischgenossen auf die Liebe zu sprechen kommt, dann darf er aller Wahrscheinlichkeit nach mit einem gesteigerten Interesse der anderen rechnen. Das wird von Literatur und Kino bestätigt: Die Liebe in ihren verschiedenen Erscheinungsformen ist auch dort bevorzugtes Thema. Und für das richtige Leben gilt das – von Ausnahmen abgesehen – genauso: Was gibt es Aufregenderes, als zu lieben oder geliebt zu werden? Lassen Sie mich noch hinzufügen, dass jedes andere Thema nur insoweit von Interesse ist, wie wir ihm Liebe entgegenbringen. Stellen wir uns vor, jemand von Ihnen hielte mir entgegen: »Nein, nein, auf mich trifft das keineswegs zu! Mein Hauptinteresse gilt nicht der Liebe, sondern dem Geld!« Natürlich würde meine Antwort lauten: »Das beweist lediglich, dass Sie das Geld lieben!« Auch das ist Liebe ... Oder ein anderer sagte mir: »Mich interessiert nicht in erster Linie die Liebe oder das Geld, sondern mein Beruf.« Ich würde ihm antworten: »Das beweist, dass Sie Ihren Beruf lieben!« Die Liebe ist nicht nur das interessanteste Thema, sondern für die meisten von uns ist kein anderes Thema von Interesse, wenn es nicht mit Liebe zu tun hat oder wir ihm mit Liebe begegnen.

Ist die Liebe eine Tugend?

Wenn ich auch die Wahl des Themas nicht zu rechtfertigen brauche, so muss ich doch vielleicht mit einigen Worten erklären, wie ich dazu gekommen bin, von der Liebe zu sprechen. Das war in dem Buch *Petit traité des grandes vertus (Ermutigung zum unzeitgemäßen Leben),* das 1995 erschien – einer moralischen Abhandlung, deren letztes Kapitel, das zugleich das längste ist, die Liebe behandelt. Ein solches Kapitel in einem solchen Buch versteht sich nicht von selbst. Ist denn die Liebe eine Tugend?

Natürlich nicht jede Liebe. Stellen Sie sich vor, jemand sagt Ihnen: »Ich liebe das Geld«, »Ich liebe die Macht«, oder gar »Ich liebe Gewalt und Grausamkeit ...« Gewiss würde es Ihnen schwerfallen, darin einen Ausdruck seiner Tugend zu sehen, und Sie hätten natürlich recht. Halten wir also fest: Nicht jede Liebe ist tugendhaft. Doch stellen wir uns umgekehrt jemanden vor, der nichts und niemanden liebt: Ihm würde sicherlich eine wichtige Eigenschaft fehlen, eine »Vortrefflichkeit«, wie die Griechen sagten (auf Griechisch hieß »Tugend« *arete*, was wörtlich »Vortrefflichkeit« bedeutete). Was ist eine Tugend? Eine moralische Eigenschaft, mit anderen Worten, eine Veranlagung, die uns besser macht – »vortrefflicher«, wie Montaigne sagen würde, oder einfach menschlicher. »Nichts ist so schön und unsrer Bestimmung gemäß wie ein rechter Mensch zu sein...«[1] Das könnte als Definiton dienen: Eine Tugend ist eine Eigenschaft, eine *Vortrefflichkeit,* die uns ermöglicht, unsere Menschlichkeit zu verwirklichen (»ein rechter Mensch zu sein«). Dem, der nicht lieben kann, fehlt eine wesentliche Eigenschaft: Ihm fehlt offensichtlich eine Tugend, und nicht die unwichtigste.

Nun weiß aber jeder, dass die Liebe, zumindest eine bestimmte Form der Liebe – ich werde darauf zurückkommen –, eine der drei theologischen Tugenden ist. Es gibt nur drei, die »theologisch« oder »göttlich« heißen, weil Gott ihr Gegenstand ist: Glaube, Hoffnung, Nächstenliebe, wie die Katholiken meistens sagen, oder auch Glaube, Hoffnung, Liebe, wie es die Protestanten bevorzugen – da sowohl »Nächstenliebe« wie »Liebe« als Übersetzung für das griechische Wort *agape* in Frage kommen, das übrigens den klassischen Griechen unbekannt war (wir finden es weder bei Platon noch bei Aristoteles oder Epikur). Dafür kommt es im Neuen Testament sehr häufig vor, wo es, wie gesagt, die Liebe zum Nächsten bezeichnet (der weder Geliebter noch Freund ist), also eine Form der Liebe, die man kurz und bündig Barmherzigkeit nennen könnte.

---

[1] *Essais,* III, 13, S. 515. Alle Montaigne-Zitate sind der dreibändigen Ausgabe in der Übersetzung von Hans Stilett entnommen: Michel de Montaigne, *Essais,* München, btb, 2000 (Lizenzausgabe der bei Eichborn 1999 erschienenen Ausgabe).

Die Liebe ist keine Pflicht

Hier stellt sich allerdings das Problem, dass die Liebe, die gelegentlich eine Tugend ist, keine Pflicht sein kann. Warum? Weil die Liebe, wie Kant in Tuchfühlung mit der Alltagserfahrung erklärt, »eine Sache der Empfindung, nicht des Wollens«[2] ist. Doch ein Gefühl lässt sich nicht befehlen. Hören wir noch einmal Kant: »[I]ch kann nicht lieben, weil ich will, noch weniger aber weil ich soll...; mithin ist eine Pflicht zu lieben ein Unding.«[3]

Betrachten wir ein triviales Beispiel: Sie setzen einem Ihrer Kinder, einem kleinen Jungen oder einem kleinen Mädchen von sieben oder acht Jahren, Spinat vor. Das Kind sagt: »Ich mag keinen Spinat!« Also, wenn Sie wissen, dass es keine Pflicht zur Liebe gibt, wenn Sie wissen, dass sich Liebe nicht befehlen lässt, dann ist Ihnen auch klar, dass es absolut sinnlos ist zu sagen: »Ich befehle dir, den Spinat zu lieben! Das ist deine Pflicht!« Sie können diese beiden Sätze aussprechen, aber sie nicht wirklich denken oder glauben: Sie sind in sich absurd, weil es keine Frage des Wollens ist, Spinat zu lieben oder nicht zu lieben, sondern eine der Empfindung, in diesem Fall des Geschmacks, und der lässt sich nicht befehlen. Unter Umständen können Sie sagen: »Ich befehle dir, den Spinat zu essen!«

---

[2] *Grundlegung zur Metaphysik der Sitten*, »Von der Menschenliebe«, Akademie der Wissenschaften Berlin 1900 ff. (fortan zitiert als AA [Akademie-Ausgabe]), Bd. IV, S. 401. Vgl. auch *Grundlegung zur Metaphysik der Sitten*, AA, IV, S. 399 (»...Liebe als Neigung kann nicht geboten werden«).

[3] Ebd. Vgl. auch »Von den Triebfedern der reinen praktischen Vernunft«, *Kritik der reinen Vernunft*, AA, S. 82–84.

Ich sage nicht, dass Sie das tun sollen – das mag jeder für sich entscheiden –, aber auf jeden Fall ist dieser Satz nicht in sich absurd: Spinat essen ist eine Handlung; und eine Handlung kann man befehlen. Aber Spinat lieben ist keine Handlung, sondern eine Empfindung, ein Geschmack, der infolgedessen keinem wie auch immer gearteten Befehl gehorchen kann.

Ein zweites, gewichtigeres Beispiel. Wenn Sie verstehen, dass es keine Pflicht zur Liebe gibt, so wissen Sie auch, dass an dem Tag, an dem Ihr Partner sagt: »Ich liebe dich nicht mehr«, es absolut sinnlos ist zu antworten: »Aber du musst mich lieben, das ist deine Pflicht!« Denn dann könnte Ihr Partner antworten: »Hör mal, lies Kant: ›Es steht in keines Menschen Vermögen, jemanden bloß auf Befehl zu lieben.‹[4] Ich kann nicht lieben, weil ich es will, und schon gar nicht, weil ich es muss; eine Pflicht zur Liebe ist Unsinn...«

Die Liebe ist eine Tugend, keine Pflicht. Diese doppelte Aussage führt zu einer Anmerkung und einem Problem.

Die Anmerkung: Wenn die Liebe eine Tugend ist, ohne eine Pflicht zu sein, bestätigt das – im Gegensatz zu Kant[5] –, dass Tugend und Pflicht zwei verschiedene, wenn nicht gar voneinander unabhängige Dinge sind. Nicht zufällig habe ich einen *Petit traité des grandes vertus* (wörtlich: »Kleine Abhandlung über große Tugenden«) geschrieben und keinen *Petit traité des grands devoirs* (»Kleine Abhandlung

---

[4] »Von den Triebfedern der reinen praktischen Vernunft«, *Kritik der praktischen Vernunft*, AA, Bd. v, S. 83.
[5] Vgl. zum Beispiel *Die Religion innerhalb der Grenzen der bloßen Vernunft*, AA, S. 47. Vgl. ferner die Anmerkung zur Seite 34 (AA, VI, S. 23).

über große Pflichten«). Sagen wir, die Pflicht gehört in die Sparte des Gebots, des Befehls, des »Imperativs«, wie Kant sagt (und damit für das Individuum in die des Zwangs und des Gehorsams), während die Tugend mit Eigenschaften wie Fähigkeit, Vortrefflichkeit, Bejahung in Verbindung gebracht wird. Überspitzt ließe sich sagen: Die Pflicht ist ein Zwang; die Tugend eine Freiheit. Schließen wir daraus nicht zu schnell, dass die Pflicht überholt ist! Nur wenn die Tugend siegt. Die Pflicht ist also immer dann erforderlich, wenn es an der Tugend fehlt – mit anderen Worten, in den allermeisten Fällen. Das Neue Testament (das eine Ethik der Liebe ist) vervollständigt das Alte (das eine Moral des Gesetzes ist), aber schafft es nicht ab.[6] Das gilt genauso für Atheisten. Nur ein Weiser könnte ohne Moral auskommen. Nur ein Narr könnte danach streben.

Das Problem: Wenn die Liebe keine Pflicht ist, wenn sich die Liebe nicht befehlen lässt, welchen Sinn kann dann das christliche Gebot haben: »Liebe deinen Nächsten wie dich selbst«? Es mutet seltsam und abwegig an, dass uns die Evangelien vorschreiben, was sich nicht befehlen lässt. Wer schon das eine oder andere meiner Bücher gelesen hat und daher weiß, dass ich Atheist bin, könnte fälschlicherweise annehmen, dass die Evangelien mich nicht interessieren. Doch Atheist zu sein heißt nicht, dass man keinen Erkenntnisdrang verspürt. Ich würde diese Stelle gerne verstehen, zumal es sich dabei um einen der grundlegenden Texte un-

---

6 Zu den Begriffen Ethik und Moral und zum Unterschied, den ich zwischen ihnen mache, vgl. meinen Artikel »Morale ou éthique?«, *Valeur et vérité*, PUF, 1994, S. 183 bis 205. Vgl. auch die Artikel »Éthique« und »Moral« in meinem *Dictionnaire philosophique*, PUF, 2001.

serer Kultur handelt. Egal, ob Sie gläubig, atheistisch oder agnostisch sind, und egal, welcher Religion sie angehören – Sie werden der Bibel (dem Alten und dem Neuen Testament) diese Bedeutung nicht absprechen können. Wie könnten wir darauf verzichten, sie verstehen zu wollen? Für Kant, der Christ war (ein sehr frommer, wenn nicht gar pietistischer Lutheraner),[7] ist die Frage von entscheidender Bedeutung: Wie kann das »heilige Evangelium« eine Empfindung vorschreiben – nämlich die Liebe –, die sich nicht befehlen lässt?

Die Moral ahmt die Liebe nach

Kants Antwort erscheint mir für die Beziehung zwischen der Liebe und der Moral – oder sagen wir zwischen der Liebe und den anderen Tugenden – äußerst erhellend. Jesus, so sagt er im Wesentlichen, kann uns nur etwas befehlen, was sich befehlen lässt, mit anderen Worten eine Handlung und keine Empfindung. Das bezeichnet Kant als »praktische Liebe«[8]. Praxis heißt auf Griechisch Handeln. Laut Kant befiehlt uns Jesus also zu handeln. und zwar, wenn möglich, aus Liebe: »Gott lieben, heißt in dieser Bedeutung, seine Gebote gerne thun; den Nächsten lieben, heißt,

---

[7] Über Kants Beziehung zum Pietismus (der in seiner Erziehung eine große Rolle spielte, von dem er sich dann aber distanzierte) vgl. *Die Religion innerhalb der Grenzen der bloßen Vernunft*, AA, VI, S. 184–185, und *Der Streit der Fakultäten*, AA, VII, S. 54–60.

[8] *Kritik der praktischen Vernunft*, »Von den Triebfedern der reinen praktischen Vernunft«, AA, Bd. V, S. 83. Vgl. auch *Grundlegung zur Metaphysik der Sitten* AA, Bd. IV, S. 399.

alle Pflicht gegen ihn gerne ausüben.«[9] Allerdings verlagert das nur die Schwierigkeit. »Denn ein Gebot, daß man etwas gerne thun soll, ist in sich widersprechend«, wendet Kant ein. Auch gehe es weniger darum, diese Gesinnung zu haben, als nach ihr zu streben.[10] Die Liebe ist ein Ideal und insofern mehr als eine Forderung. Warum erhält sie in der Bibel die Form eines Gebots? Weil es unsere Pflicht ist, dieses Ideal (die Nächstenliebe), wenn nicht zu lieben, so doch zu achten und uns zu bemühen, auf eine Weise zu handeln (denn nur das hängt von uns ab), die das Ideal selbstverständlich voraussetzen würde, wenn wir dazu fähig wären, und die es fordert, da wir es nicht schaffen. Die Liebe befiehlt nur in ihrer Eigenschaft als Ideal; aber dieses Ideal verpflichtet uns, wenn es auch unerreichbar bleibt:

> Jenes Gesetz aller Gesetze stellt also, wie alle moralische Vorschrift des Evangelii, die sittliche Gesinnung in ihrer ganzen Vollkommenheit dar, so wie sie als ein Ideal der Heiligkeit von keinem Geschöpfe erreichbar, dennoch das Urbild ist, welchem wir uns zu nähern und in einem ununterbrochenen, aber unendlichen Progressus gleich zu werden streben sollen.[11]

Lieben? Lässt sich nicht befehlen. Handeln? Gewiss. Also ist es die Liebe, die befiehlt, auch dann – das ist das Paradox des Ideals –, wenn sie nicht vorhanden ist. Das ist der Geist der Evangelien, aber von aller Naivität befreit. Die Liebe

9 AA, Bd. v, S. 83.
10 Ebd.
11 Ebd.

und die Heiligkeit sind Ideale. Allein das Handeln hängt von uns ab. Nur das Handeln kann uns befohlen werden. Jesus oder die Moral verlangen von uns lediglich eine bestimmte Art des Handelns: aus Liebe, wenn wir lieben, oder als ob wir liebten, wenn die Liebe nicht vorhanden ist. Wer würde nicht sehen, dass das zweite Glied der Alternative bei weitem das häufigste ist? Wir brauchen die Moral nur, weil es an der Liebe fehlt; deshalb haben wir das Ideal der Liebe so bitter nötig – um entsprechend zu handeln, wie aus Liebe – die sich nicht befehlen lässt, sondern die befiehlt. Wir imitieren in unserem Handeln die Liebe, die es leiten sollte oder die es tatsächlich leitet, allerdings als Ideal und nicht als reale Empfindung. Die Moral ahmt die Liebe nach: Wir müssen so tun, als würden wir lieben. Natürlich ist die Liebe besser: Das Beste für uns alle wäre, zu lieben und aus Liebe zu handeln. Ja, wenn die Liebe vorhanden ist. Aber wenn das nicht der Fall ist? Wenn die Liebe fehlt? Dann bleibt uns nur zu handeln, als würden wir lieben! Und da kommt die Moral ins Spiel: Wenn wir keine Liebe haben, wenn ihre Strahlkraft fehlt, dann ist sie ein Wert nur durch ihre Abwesenheit.

Nehmen wir als Beispiel eine ganz klassische moralische Tugend: die Großzügigkeit. Das ist die Tugend des Gebens. Doch wenn wir lieben, geben wir automatisch: Die Liebe ist großzügig, heißt es. Mag sein. Aber wenn wir aus Liebe geben, ist es keine Großzügigkeit, sondern Liebe. Wenn wir unsere Kinder zu Weihnachten mit Geschenken überschütten, sagen wir nicht: »Was sind wir großzügig«, sondern: »Wie lieben wir sie!«, vielleicht auch: »Wie töricht wir sind!«, aber ganz gewiss nicht: »Wie großzügig wir sind!« Wenn wir lieben, geben wir; wenn wir aus Liebe geben, liegt nicht Großzügigkeit, sondern Liebe vor. Was auf eine sehr erhellende und sehr anspruchsvolle Definition hinausläuft: Die Großzügigkeit ist eine Tugend, die darin besteht, dass wir denen geben, die wir nicht lieben.

Das zeigt hinlänglich, wie unbefriedigend die Großzügigkeit als moralische Tugend ist, aber auch ihre Größe und ihren Wert. Es wäre besser, aus Liebe zu geben? Gewiss. Aber das ist definitionsgemäß nur möglich, wenn wir Liebe empfinden – das heißt, seien wir ehrlich, nicht sehr häufig.

Wenn wir rückhaltlos lieben, brauchen wir uns um Moral nicht mehr zu kümmern: Es gibt keine Verpflichtung, keine Notwendigkeit mehr, keinen »Zwang«[12], wie Kant sagt; die Liebe genügt und ist besser. Beispielsweise habe ich immer gewusst, dass es meine Pflicht sein würde, meine Kinder zu ernähren, solange sie klein sind. Aber als sie geboren wurden, habe ich es nicht ein einziges Mal aus Pflichtgefühl getan. Wie alle Eltern habe ich sie aus Liebe ernährt, und das war besser für sie und für mich. Stellen Sie sich vor, Sie fragen eine junge Frau, die ihr Kleines stillt: »Warum stillen Sie Ihr Kind?« Was würden Sie wohl denken, wenn die Mutter antwortete: »Ich stille es aus moralischen Gründen; ich halte das für meine Pflicht!« Sie würden sagen: »Arme Frau, armes Kind!« Aber das ist kaum zu befürchten. Aller Wahrscheinlichkeit nach stillt sie aus Liebe – zum Glück für sie und zum Glück für das Baby.

»Was man aber aus Zwang thut, das geschieht nicht aus

---

12 Beispielsweise in der *Grundlegung zur Metaphysik der Sitten*, AA, Bd. VI, S. 401: »Aber alle Pflicht ist *Nöthigung*, ein Zwang«.

Liebe«[13], sagt Kant. Auch das Umgekehrte ist wahr: Was man aus Liebe tut, geschieht nicht aus Zwang. Aus diesem Grund befreit die Liebe von der Moral: Nicht indem sie sie auflöst, sondern – um die Formulierung der Evangelien aufzunehmen – indem sie sie erfüllt.[14] Dazu muss man nicht Kantianer oder Christ sein. Nietzsche, der weder das eine noch das andere war, sagte: »Was aus Liebe getan wird, geschieht immer jenseits von Gut und Böse.«[15] Diesen Geist finden wir bereits im Neuen Testament, von Augustinus in einem einzigen Satz genial zusammengefasst: »Liebe und tue, was du willst!«[16] Das ist der Geist Christi; der Geist der Liebe, mit oder ohne Gott; auch der Geist der Freiheit: Wenn die Liebe stärker als das Ich ist, brauchen wir uns nicht mehr um Moral, Pflicht oder Gebote kümmern. Dann können wir nur aus Liebe handeln, das genügt.

Ja, wenn die Liebe stark genug ist... Doch das ist selten der Fall. Wie viele Menschen gibt es, die Sie genügend lieben, um ihnen gegenüber von jedem rein moralischen Gebot, jedem Imperativ, aller Pflicht frei zu sein? Gut, da sind die Kinder – für die unter Ihnen, die welche haben –, das ist der einzige wirklich einfache Fall, vor allem, wenn sie klein sind. Für die Älteren unter Ihnen gibt es vielleicht noch die Kinder Ihrer Kinder...

---

13 Ebd.
14 Matthäus, 5:17: »Ihr sollt nicht wähnen, daß ich gekommen bin, das Gesetz oder die Propheten aufzulösen; ich bin nicht gekommen, aufzulösen, sondern zu erfüllen.«
15 Friedrich Nietzsche, Jenseits von Gut und Böse, *Werke in drei Bänden*, Bd. 2, München, Hanser, 1954, S. 637.
16 Augustinus, *Kommentar zum Ersten Johannesbrief*, siebter Traktat, Nummer 8.

Wer noch? Ihr Ehepartner? Das ist bereits viel komplizierter! Die Paare entdecken rasch, dass die Liebe nicht reicht, dass die Moral wieder zu ihrem Recht kommt und wir zu unseren Pflichten. Ihre Eltern? Auch da genügt die Liebe nur selten. Selbst wenn wir unsere Eltern lieben, muss bei den meisten von uns die Moral gelegentlich für die Unzulänglichkeit der Liebe einspringen: Oft handeln wir auch aus Pflichtgefühl, wenn wir alles tun, was in unserer Kraft steht, um den Eltern zu helfen, um sie zu unterstützen und zu begleiten ... Ihre zwei oder drei besten Freunde? Ja, das kann vorkommen. Es sei eine Pflicht, sagt Kant, in der Freundschaft treu zu sein.[17] Er hat zweifellos recht, aber bei den besten Freunden, denen, die zum engsten Kreis gehören, erwächst die Treue nicht aus Pflichtgefühl, sondern aus Liebe.

Zählen wir zusammen: Ihre Kinder oder Enkel, vielleicht Ihr Ehepartner, Ihre Eltern, Ihre zwei oder drei besten Freunde, kurzum, die Menschen, die Ihnen am nächsten stehen, die Sie am meisten lieben... Auf wie viele kommen wir? Fünf? Zehn? Zwanzig Personen, bei denen, die ein sehr großes Herz haben? Dann bleiben etwas mehr als sieben Milliarden Menschen, die wir nicht lieben oder doch so wenig, dass uns ihnen gegenüber nur die Moral bleibt, um uns vom Schlimmsten abzuhalten und gelegentlich zu veranlassen, ihnen ein bisschen Gutes zu tun.

Wenn die Liebe uns trägt, tritt sie an die Stelle der Moral oder befreit uns von ihr. Doch meist genügt die Liebe nicht; dann greift die Moral ein und schreibt uns vor zu handeln,

---

17 *Grundlegung zur Metaphysik der Sitten*, II, AA, IV, S. 408.

als würden wir lieben. Die Moral ist eine Pseudo-Liebe, könnte man sagen. Soll heißen, dass wir die Moral nur in dem Maße brauchen, wie wir in dieser oder jener Situation unfähig zur Liebe sind. Wir lieben die Liebe, können aber – wenn es nicht um die Menschen geht, die uns am nächsten stehen – nicht lieben. Das verpflichtet uns zur Moral.

Im Idealfall lieben wir und handeln aus Liebe. Doch mit der Liebe sind wir überfordert. So sehr, dass wir die Moral erfunden haben (das ist nicht wörtlich zu nehmen: Die Moral ist weniger das Ergebnis einer Erfindung als einer Selektion in der darwinistischen Bedeutung des Wortes), damit sie uns in allen Fällen, wo es uns an der Liebe fehlt – das heißt in den meisten Fällen –, veranlasst, so zu handeln, als würden wir lieben.

So gesehen, ist die Moral ein selektiver Vorteil, genauso übrigens wie die Elternliebe. Damit ein Baby in der Steinzeit überlebte und ein Kind das Alter erreichte, in dem es sich selbst helfen konnte, musste es tagtäglich mit beispielloser Fürsorge umhegt werden. Wie ließ sich das besser erreichen als durch die Liebe einer Mutter und eines Vaters? Dahinter verbirgt sich natürlich keine Absicht. Eine Menschengruppe, in der die Eltern ihre Kinder etwas mehr lieben, hat einfach bessere Chancen, ihre Gene weiterzugeben, während eine Gruppe, bei der die Elternliebe fehlt, Gefahr läuft, über kurz oder lang auszusterben. Mehr braucht die natürliche Selektion nicht, um die Elternliebe in der Spezies Mensch zu verbreiten (wie übrigens auch in anderen Spezies). Ganz ähnlich verhält es sich mit der Moral: Eine Menschengruppe, deren Mitglieder – zumindest im Inneren der Gruppe – bestimmte Regeln zur Eindämmung blinder Selbstsucht und Gewalt aufstellen, hat bessere Aussichten, ihre Gene weiterzugeben und folglich zu wachsen und sich zu entwickeln. Das reicht der Moral, um sich durchzusetzen (wir kennen keine Kultur, in der sie fehlt) und von nachfolgenden Generationen übernommen zu werden (nach allem, was wir wissen, durch Erziehung und nicht durch Vererbung). Es ist unübersehbar, dass die Selektionsvorteile Liebe und Moral dieselbe Richtung einschlagen, nämlich dass wir die Interessen anderer berücksichtigen. Es ist mehr als wahrscheinlich, dass die Liebe zuerst kommt (was an zahlreichen Tierarten zu beobachten ist). Dass sie gewöhnlich weitergeht – bis zur Selbstaufopferung –, ist eine Erfahrungstatsache. Ebenso wie die Erkenntnis, dass sie nicht ausreicht, sobald wir den Kreis der Familie verlassen. Dann muss die Moral einspringen, indem sie den Altruismus – und sei es als Mittel zum Zweck – über die Familie hinaus ausdehnt. Die Moral ist zwar nicht so stark wie die Liebe, aber sie bezieht sich auf eine größere Anzahl von Leuten. Sagen wir, die Liebe gibt die Richtung vor und die Moral den Weg.

Daher dient die Liebe der Moral als regulierendes Ideal: Es geht darum, zu tun *als ob*, wohl wissend, dass es fast nie *so ist!* Das ist fast der ganze Unterschied zwischen Moral und Liebe. Zu Recht sagt Augustinus also: »Man kann daher die Tugend nach meiner Ansicht kurz und gut definieren als die rechte Ordnung der Liebe.«[18] Aber wir müssen hinzufügen, dass die Liebe, von wenigen Ausnahmen abge-

---

18 *Des heiligen Kirchenvaters Aurelius Augustinus zweiundzwanzig Bücher über den Gottesstaat,* Kempten, Kösel, 1911, S. 457.

sehen, nur indirekt befiehlt: dass sie eher (als Ideal) herrscht denn (als Affekt) regiert. Das unterscheidet die Tugend von der Heiligkeit: Wir müssen uns der Liebe unterwerfen, *auch wenn sie nicht vorhanden ist.*

Kommen wir auf das Beispiel der Großzügigkeit zurück. Am besten ist es, zu lieben und aus Liebe zu geben. Doch wenn dir die Liebe fehlt, so sagt uns die Moral, dann musst du eben denen geben, die du nicht liebst. Hier kommt die Großzügigkeit ins Spiel, die moralische Tugend, die Tugend des Gebens. Wenn du nicht fähig bist, aus Liebe zu geben, dann handle, als liebtest du: Gib denen, die du nicht liebst! Wenn du schon nicht liebst, tu wenigstens so: sei großzügig!

Das Recht und die Höflichkeit ahmen die Moral nach

»Schön und gut«, könnten Sie einwenden, »Sie haben doch selbst gesagt: Die Zahl derer, die ich nicht liebe, beträgt fast sieben Milliarden! Wenn ich all denen gebe, was bleibt dann mir?« Nichts... Das wird interessant. Das Ideal ist zu lieben; aber mit der Liebe sind wir überfordert. Die Moral sagt im Prinzip: Wenn du nicht fähig bist zu lieben, dann handle so, als tätest du es, sei wenigstens moralisch, sei wenigstens großzügig. Ja. Aber auch mit der Moral sind wir überfordert! Denen geben, die ich nicht liebe? Kommt nicht in Frage, oder wenn, dann höchstens Almosen! Lieben, das kann ich nicht. Großzügig sein, das will ich nicht.

Was tun? Wenn ich nicht fähig bin zu lieben, versuche

ich so zu tun als ob: Ich versuche, wenigstens großzügig zu sein. Aber wenn ich auch dazu nicht fähig bin? Dann gilt auch hier: Ich tue so als ob. Das nennt man das Recht und die Höflichkeit. Das Recht für die objektiven Beziehungen, wie Hegel sagen würde, und die Höflichkeit für die subjektiven oder intersubjektiven Beziehungen.

Das ist wie eine dritte Ebene, weniger anspruchsvoll als die beiden ersten und leichter erreichbar. Das Beste ist, zu lieben und aus Liebe zu geben. Wenn du dazu nicht fähig bist, sei wenigstens großzügig: Gib denen, die du nicht liebst. Und wenn du dazu nicht fähig bist, sei wenigstens ehrlich: Zahl deine Steuern und respektiere unter allen Umständen das Eigentum anderer. Uff! Ich kann aufatmen! Endlich etwas, wozu ich fähig bin! Lieben, das kann ich nicht. Geben, das will ich nicht. Aber meine Steuern zahlen und das Eigentum anderer achten, das liegt eindeutig im Bereich meiner Möglichkeiten. Viele von uns können mit Georges Brassens sagen: »Ich habe nie getötet und nie vergewaltigt, und auch gestohlen habe ich schon seit einiger Zeit nicht mehr.« Was das Steuerzahlen angeht, so trägt die Furcht vor möglichen Strafen – wenn denn die Tugend nicht ausreicht – sicherlich zu unserer Überzeugung bei, dass es in unserem eigenen Interesse liegt.

Das Gleiche in einem anderen Bereich, dem der Höflichkeit. Am besten ist es, zu lieben und aus Liebe zu handeln. Wenn du nicht aus Liebe handeln kannst, tu es wenigstens aus Großzügigkeit. Und wenn auch das zu viel verlangt ist, sei wenigstens höflich! Auch hier kann ich aufatmen! Lieben, das kann ich nicht; geben, das will ich nicht; aber höflich sein, das liegt im Bereich meiner Fähigkeiten!

Die Moral ahmt die Liebe nach, wenn diese nicht vorhanden ist. Die Höflichkeit und das Recht ahmen die Moral nach, wenn diese fehlt oder nicht ausreicht. Folglich handeln wir, als wären wir tugendhaft. Auch das sind Selektionsvorteile: Eine Menschengruppe, die ihren Mitgliedern die Achtung vor einer gewissen Anzahl von Höflichkeits- und Organisationsregeln vermittelt – ganz gleich, wie simpel sie anfangs auch sein mögen –, hat mehr Aussichten, ihre Gene weiterzugeben, als eine Gruppe, die sich bei der Eindämmung von Gewalt und Egoismus nur auf die Liebe und die Moral verlässt. Deshalb schlagen Recht und Höflichkeit die gleiche Richtung ein wie die Moral, allerdings stellen sie weniger hohe Ansprüche (sie begnügen sich mit der sozialen Mindestanforderung) und zeitigen größere Wirkung (da die Gruppe ihre Einhaltung durch Ächtung oder Strafe erzwingt).

Einige Beispiele. Unabsichtlich rempeln Sie auf einem Flur einen Unbekannten an. Sie sagen: »Entschuldigung!« Sie tun so, als würden Sie ihn respektieren. Der Respekt ist eine moralische Tugend (Sie tragen der Würde des anderen Rechnung). Aber darum wird es wohl kaum gehen, wenn Sie jemanden aus Versehen auf einem Flur anrempeln; aller Wahrscheinlichkeit nach wird sich die Frage des Respekts oder der Würde nicht stellen. Sie sind einfach von Ihren Eltern gut erzogen worden, Sie leben in einer zivilisierten Gesellschaft, Sie haben Angst, für einen Flegel gehalten zu werden... Das genügt Ihnen, um aus reiner Höflichkeit zu sagen: »Verzeihung!« Es ist eher ein Reflex als eine Tugend, eher eine Konditionierung als eine Pflicht, allerdings hat sie (durch Nachahmung) etwas mit Moral zu tun. Sie tun so, als würden Sie den anderen respektieren: Sie sind höflich. Und der andere antwortet: »Keine Ursache, nichts passiert!« Er tut so, als würde er Ihnen verzeihen. Die Barmherzigkeit ist eine moralische Tugend (die Tugend des Vergebens). Doch in diesem Fall stellt sich nicht die Frage, ob man Ihnen vergibt oder nicht. Hier genügt einfach gute Erziehung. Aus reiner Höflichkeit antwortet Ihnen der andere: »Keine Ursache, nichts passiert!« Das ist Pseudo-Barmherzigkeit.

Sie sind in einem Bistro. Sie bestellen beim Kellner einen Kaffee und fügen hinzu: »Bitte!« Sie bezeugen ihm Respekt (Sie behandeln ihn als Menschen, nicht als Maschine), und Sie tun recht daran. Der Kellner bringt Ihnen einen Kaffee. Sie sagen: »Danke.« Sie bezeugen ihm Dankbarkeit. Ob Sie nun wirklich diesen Respekt und diese Dankbarkeit empfinden, steht auf einem anderen Blatt. Das kann schon sein, beispielsweise wenn der Kellner aus dem einen oder anderen Grund Ihre Aufmerksamkeit erregt oder Ihre Sympathie gewinnt (weil er sehr jung, sehr alt, sehr erschöpft, sehr verführerisch oder tüchtig ist). Doch meist wird das nicht der Fall sein.

Die Frage stellt sich noch nicht einmal. Wir sind diesseits des Respekts oder der Verachtung, der Dankbarkeit oder der Undankbarkeit: Wir sind höflich. Und lägen völlig falsch, wenn wir uns das vorwürfen (müssten wir jedes Mal dankbar sein, wenn man uns einen Kaffee bringt, wäre das Leben wirklich kompliziert!), doch wir sollten uns auch nicht davon täuschen lassen. Respekt und Dankbarkeit sind moralische Tugenden. Doch im sozialen Miteinander verlangt man gar nicht so viel von uns: Die Höflichkeit genügt, um uns so handeln zu lassen, *als würden* wir Dankbarkeit und Respekt empfinden – als wären wir tugendhaft!

Die Moral ist eine Pseudo-Liebe. Das Recht und die Höflichkeit sind Pseudo-Moral. Das ist kein Grund, um sie zu verachten, und schon gar keiner, um sich über sie hinwegzusetzen. Eine Gesellschaft, in der alle gewissenhaft Recht wie Höflichkeit respektieren, ist – von außen betrachtet – eine fast vollkommene Gesellschaft. Wir könnten auf Gerichte, Polizei und Gefängnisse verzichten, weil keiner mehr das Gesetz überträte. Was für eine Entlastung für den Staatshaushalt! Keine Gewalttaten mehr, weil Gewalt immer eine Verletzung des Rechts, der Höflichkeit oder beider voraussetzt. Welch eine Ruhe! Welch ein Frieden! Da wäre die ideale Gesellschaft nicht mehr weit. Dabei dürften wir allerdings einen Aspekt nicht vergessen, auf den Blaise Pascal scharfsinnig verweist: »[U]nd wenn Ihr es dabei bewenden laßt«, das heißt, wenn wir uns damit begnügen, die Gesetze und die guten Manieren zu achten, »werdet Ihr dennoch dem Verderben erliegen«: »Doch Ihr erliegt dem Verderben wenigstens als ein Ehrenmann«, zumindest juristisch gesehen, was uns aber nicht vor der Verdammnis bewahrt.[19] Weil das Recht und die Höflichkeit natürlich noch nie jemanden erlöst haben. In meiner atheistischen Redeweise würde ich sagen: Von außen betrach-

---

19 Um – bei verändertem Anwendungsbereich – zurückzukommen auf einige Formulierungen aus den außergewöhnlichen *Drei Abhandlungen über die Stellung der Großen,* S. 368 b. (Wenn nicht anders vermerkt, beziehen sich die Pascal-Verweise auf die Lafuma-Ausgabe, Paris, Seuil, 1963, die auch der hier verwendeten deutschen Ausgabe zugrunde liegt: *Pascal im Kontext – Komplettausgabe,* übers. von Ulrich Kunzmann, Berlin, InfoSoftWare, 2006.)

tet, wäre die Gesellschaft fast vollkommen; aber das Leben wäre ohne Wert, ohne Freude, ohne Sinn! Denn das Recht und die Höflichkeit verleihen dem Leben weder Freude noch Sinn noch Wert.

Als ich meine kleine Abhandlung *Ermutigung zum unzeitgemäßen Leben* veröffentlichte, in deren erstem Kapitel es um die Höflichkeit ging, sind Leser nach Vorträgen oder Lesungen zu mir gekommen, um mir zu gratulieren. »Mir hat an Ihrem Buch besonders gefallen«, sagten einige (zugegeben, vor allem ältere Menschen), »dass Sie mit der Höflichkeit beginnen; die ist wirklich wichtig!« Ich antworte ihnen: »Das stimmt, ich beginne mit der Höflichkeit. Aber haben Sie bemerkt, dass ich mit Liebe aufhöre? Denn die ist noch wichtiger!« In diesem Fall war ihr Kommentar, den sie für ein Kompliment hielten, umso erstaunlicher, als ich in diesem ersten Kapitel darlege, dass ich nur deshalb mit der Höflichkeit begänne, weil sie die geringste der Tugenden sei und weil es sich aus didaktischen Gründen empfehle, mit dem Einfachsten anzufangen. Dagegen sei es sehr schwierig zu lieben, sehr schwierig, mutig, großzügig oder gerecht zu sein; aber höflich zu sein sei leicht. Es ist die geringste Tugend, die noch nicht moralisch ist (ein Lump kann höflich sein), während die höchste Tugend die Liebe ist, die schon nicht mehr moralisch ist (die aber deshalb natürlich auch nicht unmoralisch ist, sondern uns von der Moral befreit: »Liebe und tue, was du willst«). Es war also der Weg vom Leichtesten zum Schwersten, vom Häufigsten zum Seltensten, von der Nachahmung einer Nachahmung (die Höflichkeit ahmt die Moral nach, die die Liebe nachahmt) zum Urbild, das nur sich selbst nachahmt (die Liebe ahmt die Liebe nach: vergleichen Sie Spinoza, Freud, Simone Weil). Es war der Weg – soweit er sich in einem Buch beschreiten lässt – von einer Pseudo-Liebe zur wahren Liebe.

Wann hören wir auf, so zu tun als ob?

Da stellt sich die Frage: Wenn die Moral nur eine Als-ob-Liebe ist (moralisch zu handeln heißt zu handeln, als ob man liebte) und wenn Recht und Höflichkeit eine Als-ob-Moral sind (höflich oder ehrlich im juristischen Sinne zu sein heißt zu handeln, als ob wir tugendhaft wären), wann hören wir dann auf, so zu tun als ob? Es gibt eine doppelte Antwort: Am oberen Ende der Skala hören wir auf, so zu tun, wenn wir wirklich aus Liebe handeln, das nenne ich Anflüge von Heiligkeit; am unteren Ende, wenn wir uns sogar über das Recht und die Höflichkeit hinwegsetzen, das nenne ich Anflüge von Barbarei.

Man könnte mir entgegenhalten, dass wir keine Heiligen sind ... Das will ich gerne einräumen. Aber mit unseren Kindern, vor allem solange sie klein sind, haben wir alle unsere Anflüge von Heiligkeit. Wir lieben sie mehr als uns selbst, wir stellen ihre Interessen über die unseren, wir sind bereit, unser Leben für sie zu opfern ... Die unbedingte und maßlose Liebe: Anflüge von Heiligkeit.

Wir sind auch keine Barbaren. Unsere Eltern und Lehrer haben uns zu gut erzogen, als dass wir wagen würden, Recht und Moral gänzlich zu vergessen. Trotzdem kann es unter bestimmten Umständen geschehen, dass uns Anflüge von Barbarei überkommen. Ein Autofahrer drängt sich vor in einem Stau oder kapert sich den Parkplatz, auf den Sie schon fünf Minuten warten. Sie steigen aus, um ihn zu verprügeln. Natürlich wissen Sie, dass das Recht es verbietet; Ihnen ist klar, dass es außerordentlich unhöflich ist; aber Sie pfeifen auf Recht und Höflichkeit. Sie verspüren nur noch Hass, Wut und den Wunsch nach Gewalt: ein Anflug von Barbarei.

Heiligkeit und Barbarei sind Ausnahmen, sogar Extremfälle. Unser reales Leben spielt sich fast ganz zwischen diesen Polen ab. Überkommt uns gerade kein Anflug von Heiligkeit, in dem die Liebe genügt, noch einer von Barbarei, in dem das Recht und die Höflichkeit nicht mehr ausreichen, dann tun wir entweder versteckt als ob (und heucheln) oder, häufiger (wenn wir niemanden täuschen wollen), offen als ob: wir tun, als ob wir moralisch wären, das nennt man Legalität und gutes Benehmen; oder wir tun, als ob wir liebten, das nennt man Moral. Die ist nicht so gut wie die Liebe? Gewiss, aber doch unendlich viel besser als die Barbarei! Zwar haben das Recht und die Höflichkeit noch nie jemanden erlöst, aber das Verbrechen und die Grobheit noch weniger.

So ist zu erkennen, warum alle moralischen Tugenden in gewisser Weise der Liebe gleichen: weil sie sie, wenn sie fehlt, nachahmen, weil sie (durch Erziehung) von ihr herkommen oder (durch Nachahmung, Treue oder Dankbarkeit) nach ihr streben. »Heuchelei«, sagt La Rochefoucauld, »ist eine Huldigung, die das Laster der Tugend darbringt.«[20]

---

20 *Maximen und Reflexionen*, 218, Stuttgart, Reclam, 2012, S. 76.

Ich würde sagen, unsere Tugenden sind ebenso sehr Huldigungen, die wir der Liebe erweisen, wenn sie nicht vorhanden ist, wie das Recht und die Höflichkeit Huldigungen an die Moral sind, wenn sie nicht genügt. Pascal bringt das in seinen *Gedanken* sehr schön zum Ausdruck: »Größe des Menschen selbst in seiner Begierde, weil er daraus eine bewundernswerte Ordnung gewinnen konnte und ein Bild der christlichen Liebe daraus gemacht hat.«[21] Das ist zwar nur ein Lockmittel, aber allemal besser als der nackte Hass. Liebe ist besser als Recht und Höflichkeit. Zivilisiertheit besser als Barbarei.

Die drei Formen der Liebe: Eros, Philia, Agape

Die Liebe, gut, aber welche? Seit Beginn dieser langen Einleitung spreche ich von ihr im Singular, als sei das Wort eindeutig. Das ist keineswegs der Fall. Ich liebe meine Kinder, ich liebe die Frau oder den Mann, in die oder den ich verliebt bin: Offenkundig ist das nicht dieselbe Liebe. Ich liebe meine Eltern, ich liebe meine Freunde: dasselbe Wort, aber nicht dasselbe Gefühl. Ich kann Macht, Geld, Ruhm lieben. Ich kann Gott lieben, wenn ich an ihn glaube, oder an ihn glauben, wenn ich ihn liebe. Ich liebe Bier und Wein, Austern und Gänseleber; ich liebe mein Land, Musik, Philosophie, Gerechtigkeit, Freiheit; ich kann mich selbst lieben... Wie viele verschiedenen Lieben, verschiedene Formen der

---

[21] *Gedanken,* 118–402. Vgl. auch 106–403, 210–451 und 211–453.

Liebe, für wie viele verschiedene Objekte! Dabei ist die Verwendung des Wortes etwas paradox: Man scheint sich des Wortes umso lieber zu bedienen, je weniger man weiß, wovon man redet... Mit dieser Verwirrung möchte ich aufräumen.

Natürlich können wir in jeder Sprache Bezeichnungen finden, die in dasselbe Wortfeld gehören: Sympathie, Zärtlichkeit, Freundschaft, Zuneigung, Gunst, Vorliebe, Bindung, Neigung, Leidenschaft, Anbetung, Verehrung... Allerdings auf die Gefahr hin, uns derart in einer Vielzahl von Einzelheiten, Bedeutungsfeinheiten und Abstufungen zu verzetteln, dass wir das Wesentliche und den Zusammenhang aus dem Blick verlieren. »... zu große Entfernung und zu große Nähe entziehen sich den Blicken«[22], sagte Pascal. Um die angemessene Entfernung zu finden, rede ich über die Liebe, wenn auch nicht auf Griechisch, das ich leider nicht spreche, so doch zumindest unter Verwendung dreier griechischer Wörter, deren sich die Alten bedienten, um drei verschiedene Formen der Liebe zu bezeichnen.

Das erste ist sehr bekannt, auch im modernen Sprachgebrauch, auch wenn es häufig falsch verstanden wird: *eros*.

Das zweite ist kaum jemandem vertraut, der sich nicht zumindest ein wenig mit dem Griechischen oder der Philosophie beschäftigt hat: *philia*.

Das dritte schließlich sagt nur denen etwas, die eine religiöse Erziehung genossen haben (im vorliegenden Fall eine nicht zu flüchtige christliche Unterweisung): *agape*.

---

22 *Gedanken*, 199–72 in: *Pascal im Kontext. Werke auf CD-ROM – Französisch/Deutsch*, übersetzt von Ulrich Kunzmann. Worm, Berlin 2003.

Eros, *philia*, *agape*. Das sind die drei griechischen Namen für die Liebe, zumindest die drei wichtigsten, und sie liefern zugleich den Plan, dem ich von nun an folgen werde.

Eros
oder die leidenschaftliche Liebe

Jeder kennt das Wort »Eros«, auch in unseren modernen Sprachen, zumal die Psychoanalytiker mit ihm, als Gegensatz von »Thanatos«, den Lebenstrieb bezeichnen, der nach Freud bekanntlich der Sexualität entstammt. Ich sehe darin vor allem die Gefahr einer Verwechslung. Ein Trieb ist kein Gefühl. Die Liebe kein Instinkt. Allerdings hatte die Verwirrung schon lange vor Freud in die Sprache Eingang gefunden und treibt dort noch heute ihr Unwesen: Da von dem Substantiv »Eros« Adjektive wie »erotisch« oder »erogen« abgeleitet wurden, meinen natürlich viele, das Wort beziehe sich nur auf die Sexualität. Allerdings stimmt das nicht ganz. Eros ist für die alten Griechen nicht der Sex, jedenfalls nicht zuerst und vor allem, sondern die Liebe. Das legt die Mythologie nahe: Eros ist nicht der Gott der Sexualität (die wird eher von Priapos oder Aphrodite symbolisiert), sondern der Gott der Liebesleidenschaft.[23] Das

23 Zur Bedeutung von Eros beziehungsweise Aphrodite in der griechischen Mythologie vgl. R. Flacelière, *L'Amour en Grèce,* Hachette, 1960, Kap. II, S. 44–57. Dort heißt es unter anderem: »Für die Griechen wacht Eros in erster Linie über die leidenschaftliche Zuneigung eines Mannes für einen Knaben, und Aphrodite über die sexuellen Beziehungen zwischen Mann und Frau. Doch in zweiter Linie und in erweitertem Sinne kann Eros auch jedes Mal beteiligt sein, wenn sich

bestätigt auch der Sprachgebrauch: *erōs* ist auf Griechisch zunächst ein Substantiv, das »Liebe« bedeutet, während der Liebesgenuss, die sexuelle Lust, gewöhnlich durch das substantivierte Adjektiv *ta aphrodisia* ausgedrückt wird, wobei diese *Aphrodisia* ebenso wenig mit Eros zu verwechseln sind wie dieser mit jenen.[24] Die Griechen wussten natürlich, dass man lieben kann, ohne sich körperlich zu lieben, so wie man sich körperlich lieben kann, ohne zu lieben. Genau das erläutert die philosophische Tradition, jedenfalls seit Platon. Eros ist kein Sex, sondern Liebe oder vielmehr eine bestimmte, ganz besondere Art von Liebe. Welche? Die Liebesleidenschaft: Die Liebe, die wir empfinden, wenn wir verliebt sind, in der stärksten und wahrhaftigsten Bedeutung des Wortes, wenn wir uns »bis über beide Ohren« verlieben. Kurzum, meine Damen, es ist die Liebe, die Sie für Ihren Mann empfanden, bevor er Ihr Mann war. Oder die Liebe, die Sie für Ihre Gattin empfanden, meine Herren, bevor sie Ihre Gattin war. Rufen Sie sich ins Gedächtnis, wie anders das damals war ...

Eros ist die leidenschaftliche Liebe; und es ist auch die Liebe, von der Platon spricht. Warum? Weil nach fast ein-

---

ein amouröses Gefühl regt, gleich, ob es einer Frau oder einem Knaben gilt, und Aphrodite jedes Mal, wenn es zu einer fleischlichen Beziehung kommt, sei sie homosexuell oder heterosexuell« (S. 57).
24 Über den Unterschied und gelegentlichen Gegensatz zwischen *Eros* und *Aphrodisia* vgl. die äußerst aufschlussreichen Analysen von Michel Foucault, *Sexualität und Wahrheit*, Frankfurt, Suhrkamp, 1986, Bd. 2, *Der Gebrauch der Lüste*, S. 49-51 und 52-70 (»Aphrodisia«), und Bd. 3, *Die Sorge um sich*, S. 229-230, 259-260 und 263-264. Besonders deutlich ist die Unterscheidung bei Platon, etwa in: »Phaidros«, *Werke in acht Bänden*, Darmstadt, Wissensch. Buchg., 1981, Bd. 5, 253 c-257 a.

helliger Meinung aller Philosophen das schönste Buch, das je über diese Form der Liebe geschrieben wurde, ein hochgerühmtes Buch von Platon ist (eines der kürzesten und verständlichsten des Autors) – die Rede ist vom *Gastmahl*.

Das Paradox des Gastmahls

Worum handelt es sich dabei? Um einen Dialog, wie fast immer bei Platon, oder, genauer, um den Bericht über einen Dialog, um einen Bericht über, daher der Titel, eine Mahlzeit unter Freunden, ein »geselliges Trinkgelage« (ein *Symposion*, was üblicherweise mit »Gastmahl« übersetzt wird). Eines Abends kommen die Gäste zusammen, um den Erfolg eines der Ihren, Agathons, zu feiern, der einen Tragödienwettbewerb gewonnen hat. Da sie schon am Vorabend kräftig getrunken haben (das Gastmahl findet am Tag nach dem Tragödienwettbewerb statt) und da sie wissen, dass das Vergnügen an einem Abend unter Freunden weniger von der Qualität der Getränke oder der Darbietungen als von der der Gespräche abhängt, schicken sie die Musiker fort, beschließen, nur mäßig zu trinken und vor allem einen schönen Gesprächsgegenstand zu wählen. Sie entscheiden sich für den schönsten von allen: Sie wollen von Liebe reden oder vielmehr von der Liebe (schließlich ist es ein Essen unter Männern, die Geständnisse bekanntlich nicht zu ihren Stärken zählen), der Liebe im Allgemeinen also, statt von ihren wirklichen und besonderen Lieben, aber das ist noch immer besser als nichts. Im Laufe des Gastmahls werden nacheinander sieben Reden gehalten, eine origineller als die andere: von Phaidros, Pausanias, Eryximachos, Aristophanes, Agathon und schließlich von Sokrates, auf dessen Rede nur noch, allerdings auf einer ganz anderen Ebene, ein Beitrag von Alkibiades folgt, der zu spät kommt und vollkommen betrunken ist.

Jeder der Gäste hält eine Rede, die zugleich der Versuch einer Definition sowie ein Loblied auf die Liebe ist, als ließe sie sich nicht anders als positiv und emphatisch definieren. Es würde den Rahmen sprengen, die sieben Reden wiederzugeben, und auch kaum von Nutzen sein, weil ihr philosophischer Wert sehr unterschiedlich ist.

In der Philosophie kommt man fast immer nur auf die beiden zu sprechen, die in ihrer Begrifflichkeit sehr komplex und anspruchsvoll sind, während die anderen eher anekdotischen Charakter haben. Fragen Sie einen Philosophieprofessor nach den Reden von Phaidros, Pausanias, Eryximachos oder Agathon: Wenn er nicht gerade ein Platon-Spezialist ist oder das *Gastmahl* vor kurzem noch einmal gelesen hat, ist kaum damit zu rechnen, dass er Ihnen viel über diese Beiträge sagen kann. Fragen Sie ihn jedoch nach den Reden von Aristophanes oder Sokrates, wird er Ihnen sehr wahrscheinlich eine exakte und begeisterte Inhaltsangabe liefern können. Diese beiden Reden haben die Leser schon immer fasziniert, faszinieren sie heute noch, und diese Reden möchte auch ich hier präsentieren und erläutern.

Erstaunlicherweise behalten die meisten Leser der beiden Reden gewöhnlich nur die von Aristophanes in Erinnerung. Ich erinnere mich an ein Kolloquium zum Thema

Liebe, das vor etwa zwanzig Jahren von der Familienplanungsstelle in Grenoble veranstaltet wurde.[25] An den Diskussionen konnten sich alle Besucher beteiligen, und einige von ihnen verwiesen auf das *Gastmahl* von Platon, wobei sie sich stets auf die Rede von Aristophanes beriefen, nie auf die des Sokrates! Was umso erstaunlicher ist, als die Rede von Aristophanes aus Platons Sicht zwar brillant und talentiert ist (wie denn auch anders: schließlich hat Platon sie geschrieben!), vor allem aber falsch, oberflächlich, verlogen und illusionär. Im Übrigen misstraute Platon den Dichtern und verabscheute Aristophanes (der nicht nur eine Figur im *Gastmahl* ist, sondern auch ein realer Zeitgenosse, ein Mitbürger Platons und, im vorliegenden Fall, ein Dichter). Platon verabscheut ihn, weil er die schlimmste aller Sünden begangen hat: Er hat sich nämlich im Theaterstück *Die Wolken* über Sokrates lustig gemacht. Für Platon, den Schüler und Freund des Sokrates, ist das natürlich ein unverzeihlicher Fehler, vor allem nach dem Tod des verehrten Meisters, der bekanntlich zu Unrecht von seinen Richtern verurteilt wurde, den Schierlingsbecher zu trinken ... Insofern ist es ausgeschlossen, dass Platon Aristophanes die Wahrheit über die Liebe sagen lässt. Bei Platon gibt es nur einen, der die Wahrheit über die Liebe – wie über jedes andere Thema – verkündet, und das ist Sokrates, Platons Lehrer, der schon tot ist, als Platon seine Bücher schreibt, aber der Mann bleibt, durch dessen Mund sich Platon weiterhin äußert. Das erklärt, warum sich die Philosophen seit vierundzwan-

---

25 Die Protokolle des Kolloquiums wurden veröffentlicht in: *Paroles d'amour*, Éditions Syros-Alternatives, 1991.

zig Jahrhunderten vor allem für die Rede des Sokrates interessieren. Wie kommt es, dass die breite Öffentlichkeit eher die brillante und falsche Rede des Aristophanes behält und fast immer die brillante und wahre Rede des Sokrates vergisst? Das ist kein Zufall. Aristophanes beschreibt die Liebe so, wie wir sie gern hätten: die Liebe, von der wir träumen, die große Liebe, die ewige Liebe, wie wir mit sechzehn sagten; da diese unseren Wünschen und Illusionen entspricht, erinnern wir uns gern an die Geschichte des Aristophanes. Sokrates hingegen beschreibt die Liebe nicht, wie wir sie uns wünschen, sondern so, wie sie ist: Bei ihm geht sie immer mit Mangel, Unvollkommenheit, Einsamkeit und Rastlosigkeit einher, so dass uns nur das Unglück oder die Religion bleibt. Da diese Vorstellung viel schwieriger, viel anspruchsvoller ist, sind die Leser gewöhnlich bestrebt, sie möglichst schnell zu vergessen.

Die beiden Reden sind also aus unterschiedlichen Gründen interessant: die des Aristophanes, weil sie uns die Illusionen der Liebe vor Augen führt; die des Sokrates, weil sie uns die Enttäuschungen der Liebe schildert – und damit die Liebe, wie sie in Wahrheit ist.

*Die Rede des Aristophanes:
Die Illusionen der Liebe*

Beginnen wir mit der Rede des Aristophanes. Die Illusion kommt zuerst. Mit ihr müssen wir beginnen, damit wir zur Wahrheit gelangen können.

Aristophanes ist ein Dichter; folglich lässt Platon ihn

auch die Rede eines Dichters halten. Wenig Begriffe, viel Phantasie. Wenig Strenge, viel Begeisterung. Aristophanes erzählt uns eine Geschichte, in diesem Fall einen Mythos, das heißt eine Geschichte, die sich in einer fernen Urzeit ereignet, einer Zeit vor der Zeit, einer Zeit, die in Geschichtslosigkeit und Ewigkeit entrückt ist. Damals, so erklärt Aristophanes, seien die Menschen keineswegs so gewesen, wie wir sie heute sehen. Jeder Mann und jede Frau war doppelt und doch eine vollkommene Einheit. Beispielsweise hatten die Menschen nicht zwei Arme und zwei Beine wie Sie und ich, sondern vier Arme und vier Beine. Sie hatten nicht ein Gesicht, wie Sie und ich, sondern zwei Gesichter, eines vorne, das andere hinten. Sie hatten nicht ein Geschlechtsorgan wie Sie und ich, sondern zwei: Die einen hatten zwei männliche Geschlechtsorgane, die hießen Männer; andere hatten zwei weibliche Geschlechtsorgane, die hießen Frauen; wieder andere hatten ein männliches und ein weibliches Geschlechtsorgan, das waren Mann-Frauen, Androgyne auf Griechisch. Vor allem die dritte Gattung brachte die Nachwelt zum Träumen, obwohl diese Gruppe nur einen Teil, vielleicht ein Drittel der Urmenschheit, repräsentiert. Jedenfalls waren diese urzeitlichen Menschen mit ihren vier Armen, ihren vier Beinen, den zwei Gesichtern, sicherlich zwei Gehirnen, zwei Geschlechtsorganen etc. von unglaublicher Kraft und Kühnheit, denn sie erklommen den Himmel, um sich mit den Göttern anzulegen. Das aber gefiel den Göttern ganz und gar nicht! Sie wandten sich an Zeus, den Gott der Götter, und forderten ihn zum Eingreifen auf. Zunächst dachte Zeus daran, die Menschheit auszulöschen, etwa mit Hilfe von Blitzen, um ein für alle Mal Ruhe zu haben vor diesen unausstehlichen Menschen! Allerdings hätte das auch erhebliche Nachteile. Gewiss, sie sind unausstehlich, diese Menschen; andererseits bauen sie uns Tempel, beten sie zu uns, opfern uns, verbrennen Weihrauch ... Lauter Opfergaben, die ein griechischer Gott zu schätzen weiß. Darauf will man nicht verzichten! So kam Zeus nach reiflicher Überlegung auf einen besseren Einfall, den er seinen Kollegen wie folgt erläuterte: Ich werde diese kleinen anmaßenden und aufmüpfigen Menschen in zwei Teile schneiden, genau in der Mitte, von oben nach unten. Das hat einen doppelten Vorteil: Sie werden doppelt so zahlreich sein, was uns doppelt so viele Tempel, Gebete, Opfergaben und Weihrauch verschafft; und sie werden doppelt so schwach sein: Dann können sie nicht mehr bis zum Himmel klettern. In diesem letzten Punkt hatte er recht: Versuchen Sie, mit zwei Armen und zwei Beinen den Himmel zu erklimmen, Sie werden sehen, wie weit Sie damit kommen.

Gesagt, getan: Schon waren alle Menschen in zwei Teile geschnitten, genau in der Mitte, von oben nach unten. Das ist der Grund, warum wir, Sie und ich, nur zwei Arme und zwei Beine haben statt je vier.

Das Problem besteht natürlich darin, dass man uns allen, buchstäblich, unsere andere Hälfte amputierte: Jeder wurde in zwei Hälften aufgeteilt, »die Gestalt entzweigeschnitten«[26], wie Platon sagt, und verstümmelt durch diese Verdoppelung! Ade, verlorene Einheit! Ade, Vollständigkeit des Urzustands!

---

26 Platon, *Gastmahl*, Werke in acht Bänden, a.a.O., Bd. 3, 191a.

Ich werde die Einzelheiten übergehen und mich auf das Wesentliche konzentrieren: Seit dieser Urspaltung, die uns aus der Einheit in die Zweiheit geworfen hat, aus der Vollständigkeit in die Unvollständigkeit, suchen wir verzweifelt nach der Hälfte, die uns fehlt. Einst gab es eine Zeit, als komplette Menschen waren, als »wir ganz waren«[27], wie Platon sagt; nun muss ich wohl oder übel zugeben, dass ich nur noch eine Hälfte eines Menschen, ein unvollständiger Mensch bin, unvollendet, verstümmelt, wie ein Phantomglied zum Leiden an jener Hälfte verdammt, die mir fortgenommen wurde, die mir fehlt und mich quält, die ich suche und suche und suche... Und wenn es sich dann plötzlich ergibt, dass ich sie finde – welche Freude, welche Begeisterung, welch ein Glück! Für keinen von uns gibt es etwas Ergreifenderes, als die verlorene Ureinheit wiederzugewinnen, als die beiden Teile »unserer ursprünglichen Natur wieder herzustellen«[28]! Diese Freude, dieses Glück, diese Begeisterung, diese wiedergefundene Vollständigkeit nennen wir Liebe (Eros). Nur sie allein, so erklärt Aristophanes, sei fähig, »aus zweien eins zu machen und die menschliche Natur zu heilen«[29]. Wovon zu heilen? Von dieser Amputation des Selbst, die das Selbst ist. Von der Teilung, der Unvollständigkeit, der Einsamkeit. Aristophanes fährt fort: »Wenn aber einmal einer seine wahre eigene Hälfte antrifft, ein Knabenfreund oder jeder andere, dann werden sie wunderbar entzückt zu freundschaftlicher Einigung und Liebe, und wollen, so zu sagen, auch nicht die kleinste Zeit

27 a.a.O., 192e.
28 a.a.O., 191d.
29 ebd.

von einander lassen.«[30] Wonach verlangt es sie? »[S]oviel wie möglich zusammen zu sein«, dass sie sich »Tag und Nacht nicht verlassen«[31] ... so dass sie nur noch eins sind, in diesem Leben wie nach dem Tod. Das ist die Liebe: der Wunsch, »in eins ... zusammenzuschmelzen ..., so daß [sie] statt zweier einer«[32] sind.

Warum die Liebe? Um die Trennung, die Zweiheit, die Einsamkeit zu überwinden. Um beiden die schöne, verlorene Ureinheit wiederzugeben. Wir fühlen, dass »wir ganz waren, und dies Verlangen eben und Trachten nach dem Ganzen heißt Liebe«[33]. Das gilt für alle, Männer wie Frauen, Homosexuelle wie Heterosexuelle. Wenn einer seine wahre eigne Hälfte antrifft, dann verlieben sie sich und wollen nicht mehr voneinander lassen. Um der sexuellen Lust willen? Nicht nur und nicht vor allem. Vielmehr, um die Seelen zu vereinigen. Vielmehr, um zusammenzuleben. Vielmehr, um »statt zweier einer«[34] zu sein. Das Glück können wir Menschen nur unter dieser Bedingung erleben: »dass es uns in der Liebe gelänge und jeder seinen eigentümlichen Liebling gewönne«, sich mit ihm zu vereinigen und »zur ursprünglichen Natur zurückzukehren«[35]. Das werde, schließt Aristophanes, »unter dem uns jetzt zu Gebote stehenden das Beste sein«[36]!

Diese Theorie – oder dieser Mythos – erklärt die ver-

---

30 a.a.O., 192 b–c.
31 a.a.O., 192 d–e.
32 a.a.O., 192 e.
33 ebd.
34 a.a.O., 192 c–e.
35 a.a.O., 193.
36 a.a.O., 193 c–d.

schiedenen sexuellen Orientierungen, deren die Menschheit fähig ist. Diejenigen unter uns, die aus einem Ur-Mann – also einem Wesen mit zwei männlichen Geschlechtsorganen – hervorgingen, sind alle nur noch eine Mann-Hälfte, die eine andere Mann-Hälfte sucht: das sind die homosexuellen Männer. Diejenigen unter uns, die aus einer Ur-Frau hervorgingen, sind nur noch eine Frau-Hälfte, die auf der Suche nach einer anderen Frau-Hälfte sind: das sind die homosexuellen Frauen. Diejenigen schließlich, die aus einem Mann-Weib hervorgegangen sind, sind nur noch – je nachdem, um was für eine Hälfte es sich handelt – eine Mann-Hälfte, die eine Frau-Hälfte sucht, oder eine Frau-Hälfte, die eine Mann-Hälfte sucht: Das sind die Heterosexuellen, eine Kategorie, die nach Platons Auffassung natürlich keinerlei Privilegien für sich beanspruchen kann (nach seinem Bekunden sind die Besten, »weil sie die männlichsten sind von Natur«[37], diejenigen, die von einem Ur-Mann abstammen und ihre andere Hälfte unter den Angehörigen des männlichen Geschlechts suchen). Das ist also der Grund, warum wir diese drei Arten sexueller und emotionaler Orientierung haben. Man könnte Aristophanes entgegenhalten, dass seine Theorie keine Erklärung für die Bisexuellen hat. Das liege womöglich daran, könnte er jedoch antworten, dass sie ihrer Hälfte noch nicht begegnet sind.

---

37 a.a.O., S. 191d–192b.

Die Erfahrung widerlegt Aristophanes

Aristophanes präsentiert uns also die Liebe so, wie wir sie uns wünschen, wie wir sie uns erträumen – besonders, wenn wir jung sind –, alle Merkmale der absoluten Liebe, der »großen Liebe«, sind vorhanden.

Erstens, weil es eine ausschließliche Liebe ist: Jeder hat definitionsgemäß eine einzige Hälfte verloren (wenn Sie glauben, mehrere verloren zu haben, dann lediglich, weil Sie schlecht im Rechnen sind) und kann – zumindest mit der Liebe, die wir Eros nennen – nur einen einzigen Menschen lieben. Der Mann meines Lebens, die Frau meines Lebens: »meine bessere Hälfte«, wie wir umgangssprachlich sagen und damit, selbst wenn wir es nicht wissen, Aristophanes und Platon eine Art Reverenz erweisen.

Zweitens, weil es eine endgültige Liebe ist: Sobald wir unsere »wahre eigne Hälfte«[38] gefunden haben, ist es für das ganze Leben und sogar, wenn wir Aristophanes Glauben schenken dürfen, über den Tod hinaus.[39] Auf immer und ewig.

Drittens, weil es eine Liebe ist, die uns vollkommen beglückt: sie allein ist jetzt oder in der Zukunft in der Lage, uns mit Hilfe der Götter »zur ursprünglichen Natur herstellend und heilend glücklich und selig zu machen«[40].

Viertens und letztens, weil es eine Liebe ist, die die Trennung und Einsamkeit beendet: Sie stellt die ursprüngliche Einheit wieder her, die Vollständigkeit der Urzeit; sie allein

---

38 a.a.O., 191 und 192b.
39 a.a.O., 192e.
40 a.a.O., 193d.

ermöglicht den Liebenden, »durch Nahesein und Verschmelzen mit dem Geliebten aus zweien einer zu werden«[41]. Kurzum, es ist die Liebe, die dem Wunsch nach Verschmelzung entspringt, die Liebe, wie wir sie erträumen, vielleicht auch, wie wir sie wehmütig vermissen (es ließe sich fragen, ob wir diese Liebe nicht alle nur als Embryo erleben, der mit dem Leib der Mutter »verschmolzen« ist, vor der Geburt, wenn beide in gewissem Sinne statt »zweier einer« sind). Diese Liebe liegt, wenn es sie denn gibt, unwiderruflich hinter uns. Von Geburt an müssen wir erkennen, dass wir in der Liebe zwei sind (mindestens zwei!) und nie nur einer.

Wir müssen uns vom Mythos und der Dichtung verabschieden, wenn sie lügen. So auch hier. All unsere Erfahrung widerlegt die Rede des Aristophanes. Der schrieb der Liebe vier Hauptmerkmale zu: Ausschließlichkeit, Dauer, Glückseligkeit, Verschmelzung. Kommen wir noch einmal kurz auf jede von ihnen zurück.

Aristophanes sagt uns – oder gibt uns zu verstehen –, dass die Liebe ausschließlich sei, dass wir nur einen einzigen Menschen leidenschaftlich lieben können. Doch die meisten von uns wissen, dass das nicht stimmt, denn sie waren schon in mehrere verschiedene Personen verliebt. »Mag sein«, halten Sie mir entgegen, »aber nicht in mehrere Personen gleichzeitig.« Der Einwand macht keinen wesentlichen Unterschied: Ob Sie drei Hälften gleichzeitig oder nacheinander geliebt haben, es bleiben zwei Hälften zu viel. Niemand, der rechnen kann, wird mir widersprechen. Im

---

41 a.a.O., 192 d–c.

Übrigen finden diese verschiedenen Liebeserlebnisse nicht immer hintereinander statt: Manch einer unter uns wird schon einmal zwei Personen gleichzeitig geliebt haben. Dafür gibt es in Literatur und Kino zahlreiche Beispiele, aber es kann auch, allerdings sehr selten, im wirklichen Leben passieren. Wenn im Übrigen alle Männer, die ihre Frau betrügen, deshalb aufhören würden, sie zu lieben, wäre das Leben sehr viel einfacher, als es ist, zumal in einer Zeit wie der unseren, in der die Scheidung gesellschaftlich kein Tabu ist. Doch das Problem vieler treuloser Ehemänner besteht darin, dass sie ihre Frauen lieben, manchmal sogar leidenschaftlich: Sie ertragen den Gedanken nicht, ihrer Frau Kummer zu machen, sie zu verlassen oder von ihr verlassen zu werden... Weshalb Frauen oft denken, Männer seien feige. Das stimmt sicher auch, aber man könnte genauso gut sagen, dass sich diese Männer bemühen, freundlich zu sein, was im Übrigen bestätigt – ein Schlüssel zur Psychologie des Mannes –, dass Freundlichkeit und Feigheit keineswegs unvereinbar sind. Die Umkehrung dieses Gedankens gilt natürlich auch. Wenn alle Frauen, die ihre Männer betrügen, aufhören würden, sie zu lieben, wäre das Leben viel einfacher, zumal in unserer Zeit, wo die meisten von ihnen finanziell unabhängig sind: Sie wären schon längst fort. Wenn die Frau bei ihrem Mann bleibt, kann es an den Kindern liegen, manchmal aber auch daran, dass sie ihn liebt oder sogar in ihn verliebt ist. Warum sollte sie das daran hindern, auch ihren Liebhaber zu lieben? Aber lassen wir das. Unbestreitbar ist auf jeden Fall, dass die meisten Erwachsenen sich in mehrere verschiedene Personen verlieben, meistens nacheinander. Das widerlegt Aristophanes.

Es ist nicht wahr, dass die Liebe ausschließlich ist. Warum sollten wir im Namen unserer aktuellen Liebe alle anderen vergessen oder verleugnen?

Zweites Merkmal: Aristophanes behauptet, die Liebe sei zwangsläufig endgültig. Wenn wir unsere Hälfte finden, meint er, ist es fürs Leben oder sogar darüber hinaus... Das lässt sich mittels der Erfahrung widerlegen. Fast alle haben wir auch, von den ganz Jungen vielleicht abgesehen, die Erfahrung des Entliebens gemacht, des Endes der Liebe, ihres Erlöschens, ihrer Endlichkeit, ihres plötzlichen oder allmählichen Schwindens. Warum sollte die Erfahrung des Entliebens weniger wahr oder weniger lehrreich sein als die Erfahrung des Verliebens?

Drittes Merkmal: Die leidenschaftliche Liebe schenkt »Glück und Seligkeit«. Das kann man auch den Kitschromanen entnehmen: kleine Literatur über große Lieben. Aber wer kann das glauben? Wie wir aus Erfahrung wissen, ist es nicht wahr, dass die Liebe uns vollkommen glücklich macht – dass die Liebe, selbst die glückliche, für das Glück ausreicht. Die guten Schriftsteller erinnern uns ständig daran (nehmen Sie Proust: große Literatur über kleine Lieben!). Dass die Abwesenheit oder Gleichgültigkeit eines einzigen Wesens für unser Unglück ausreicht, steht außer Frage. Aber warum sollte seine Gegenwart oder seine Liebe genügen, um uns zu beseligen? Fast alles spricht dagegen: die Gewohnheit, die Zeit, die verstreicht und abnützt, die zahllosen Sorgen des Alltags, die Jugend, die geht, das Alter, das kommt... Wie soll das Glück unangetastet bleiben, wenn die Liebenden feststellen, dass ihre Liebe, selbst wenn sie fortdauert, nicht mehr ist, was sie war? Außerdem gibt es im Leben tausend Gründe, unglücklich zu sein, unabhängig von unseren Liebesgeschichten. Ein junges Paar hat gerade ein Kind verloren; da kann die Liebe noch so groß sein, sie wird an ihrem schrecklichen Unglück nichts ändern. Genauso verhält es sich, wenn einer von beiden schwer krank wird, wenn sie in finanzielle Not geraten oder politischer Unterdrückung ausgesetzt sind. Zu lieben, geliebt zu werden, genügt nie zum Glück.

Auch beim vierten Merkmal, der Verschmelzung, gilt es, Abstriche zu machen: Die Erfahrung zeigt uns – nicht selten mehrfach –, dass die Liebe keineswegs in der Lage ist, Getrenntheit und Einsamkeit zu überwinden. In der Liebe, sagt uns Aristophanes, ist man »statt zweier einer«[42]. Doch unser ganzes Gefühlsleben lehrt uns das Gegenteil: dass wir in der Liebe immer zu zweit – mindestens zu zweit – und nicht eins sind! Das nennen wir eine Begegnung oder ein Paar. Dort, wo wir körperlich der aristophanischen Verschmelzung am nächsten kommen, beim Liebesakt, und selbst im Fall gleichzeitiger Orgasmen (die bekanntlich alles andere als häufig sind), bleibt die Zweiheit erhalten: Gleichzeitig können sie nämlich nur sein, wenn es zwei gibt und nicht nur einen; das ist die unumgängliche Bedingung der Gleichzeitigkeit. Im Übrigen wissen Sie nie, was der andere empfindet oder nachempfindet, während Sie einen Orgasmus haben. Das nennen wir Trennung und Einsamkeit. Wenn man in der Sexualität »statt zweier einer« ist, wird das als Masturbation bezeichnet. Die meisten unserer Zeitgenossen sehen in ihr zu Recht keine Sünde mehr, sind

---

42 a.a.O., 192 e.

sich aber auch einig, dass sie weit weniger Vergnügen bereitet.

Mit einem Wort, Aristophanes täuscht uns – oder sich. Seine Rede ist brillant, originell, poetisch, sie lässt die jungen Leute und die späten Mädchen träumen (die meisten Männer träumen, wenn sie älter werden, immer weniger von der Liebe: Weit eher wird ihre Phantasie von der Pornographie beflügelt), aber sie ist ohne Wahrhaftigkeit. Er verstärkt nur unsere Illusionen in Liebesdingen, weil er uns die Liebe packend und bildgewaltig vor Augen führt. All unsere Erfahrung spricht gegen das, was er uns glauben machen möchte. Kurz, die Rede des Aristophanes ist falsch, verlogen, illusionär. Mit einem Wort: leeres Gerede!

Die Rede des Sokrates:
Die Wahrheit über die Liebe

Das wirft Sokrates dem Aristophanes und den anderen Gesprächsteilnehmern vor. Ihr kümmert euch nicht genügend um die Wahrheit, sagt er im Grunde, ihr wollt der Liebe »so Vieles und Schönes beilege[n] wie möglich, möge es sich nun so verhalten oder nicht. Und ist es auch falsch, so ist nichts daran gelegen.«[43] Mit anderen Worten: Ihr seid Sophisten oder Dichter; mit euren schönen Reden könnt ihr jedoch nur die Unwissenden überzeugen, »die um [Eros] wissen, wohl nicht«[44]. Sokrates ist unfähig zu solchen Lobreden. Er kann

---

43 a. a. O., 198 d–e.
44 a. a. O., 199 a.

nichts anderes sagen als die Wahrheit, wenn er sie kennt, oder seine Unwissenheit eingestehen, wenn die Wahrheit sich ihm entzieht. Auch was das Thema Liebe angeht, bei dem er sich sehr gut auskennt,[45] spricht er nur die Wahrheit. Weil er sie erfunden hat? Natürlich nicht, denn jede Wahrheit ist ewig. Weil er sie entdeckt hat? Auch nicht. Vielmehr, weil sie ihm beigebracht wurde. Und zwar von seiner Lehrmeisterin Diotima, einer Expertin in Sachen Liebe.

In der gesamten griechischen Philosophie ist es sehr selten, vor allem in Platons Werk, dass die Wahrheit von einer Frau kommt.[46] Sicherlich ist es kein Zufall, dass es ausgerechnet bei der Liebe der Fall ist. Ich habe einmal halb scherzhaft gesagt, die Liebe sei eine Erfindung der Frauen. Daraus schließen die Leute gelegentlich, ich würde nicht an die Liebe glauben, ich würde meinen, die Liebe gebe es nicht... Das ist Unsinn! Die Gebrüder Lumière haben das Kino erfunden: Das heißt doch nicht, dass es das Kino nicht gibt, sondern ganz im Gegenteil, dass es das Kino gibt, weil die Gebrüder Lumière es erfunden haben, und dass es seither für uns alle ein Teil unserer gemeinsamen Wirklichkeit ist. Man muss kein Erfinder sein, noch nicht einmal Cineast oder Kinoliebhaber, um die Wirklichkeit des Kinos zu bemerken! Genauso verhält es sich, wenn ich sage, die Liebe sei eine Erfindung der Frauen: Das heißt nicht, dass es die Liebe nicht gibt, sondern setzt vielmehr voraus, dass es sie gibt, auch für die Männer, dass es sie aber

---

45 a.a.O., 177d; vgl. auch 198d.
46 Ich erinnere mich nur noch an eine einzige andere Stelle, da geht es um den Tod, in *Ménexène*, 235e ff., wo Sokrates eine Rede von Aspasia wiedergibt, der Gefährtin des Perikles.

nicht gäbe, wenn die Frauen nicht die Initiative ergriffen hätten. Mit dieser halb scherz-, halb ernsthaften Bemerkung möchte ich zum Ausdruck bringen, dass eine ausschließlich männliche Menschheit (was hätte sein können: Die Natur kennt auch andere Reproduktionsarten als die geschlechtliche Fortpflanzung) niemals die Liebe erfunden hätte. Der Sex und der Krieg hätten den Männern allemal genügt – oder sagen wir, der Vollständigkeit halber: der Sex, der Krieg, das Geld und der Fußball! Zum Glück genügt das den Frauen offensichtlich nicht. Deshalb haben sie etwas anderes erfunden, das mindestens genauso zur Kultur wie zur Natur gehört (aber auch die Kultur ist ein Teil der Wirklichkeit), etwas anderes, das sie als Mütter erlebten, zweifellos weit mehr und weit früher denn als Liebende oder als Ehefrauen, etwas anderes, das wir Liebe nennen und das sie umgehend die Männer (ihre Söhne, ihre Gefährten) zu lehren begannen, die es im Laufe von Generationen auch einigermaßen lernten – wobei man bei den Talentiertesten unter ihnen sogar fast vergessen könnte, dass es sich um eine angelernte Rolle handelt...

Was würden wir ohne die Frauen über die Liebe wissen? Was würden wir ohne die Mütter über die Menschheit wissen? Das sollen die Anthropologen beantworten, wenn sie können. Die Liebe ist uns nicht fix und fertig von der Natur gegeben worden; deshalb musste sie erfunden oder zumindest weiterentwickelt werden. Warum spielten die beiden Geschlechter in dieser Geschichte eine gleichwertige Rolle? Und warum hat das Geschlecht, als Organ oder als Trieb, dafür ausgereicht? Wenn ich sage – oder zumindest die Hypothese aufstelle –, dass die Liebe eine Erfindung der

Frauen sei, dann meine ich damit, dass es sie vielleicht niemals gegeben hätte, zumindest nicht in der Form, in der wir sie kennen, wenn der weibliche Teil der Menschheit sich nicht angeschickt hätte, ihre Entwicklung im Laufe der Jahrtausende voranzutreiben. Meine Damen, aus tiefstem Herzen: Bravo, danke, und machen Sie weiter!

Die Liebe als Mangel

Doch kommen wir zurück auf die Rede des Sokrates oder der Diotima. Letztere ist nicht nur eine Frau, sie ist auch Priesterin. Und zweifellos ist es kein Zufall, wenn die Wahrheit über die Liebe von einer Frau kommt, die auch Priesterin ist – wenn die Liebe von Anfang an etwas mit der Religion zu tun hat.

Was hat Diotima dem Sokrates offenbart? Was ist die Liebe für sie und für ihn? Die Antwort liefert uns eine Doppelgleichung:

$$\text{Liebe} = \text{Begehren} = \text{Mangel}$$

Das ist die magische Formel Platons und vielleicht der Menschheit. Nur dass es sich nicht um Magie handelt und dass es uns ständig von unserem Glück und uns selbst trennt. Doch übereilen wir nichts. Die Liebe sei Begehren,[47] erklärt Sokrates, und das Begehren sei Mangel.[48] Mittels

---

47 *Gastmahl*, a. a. O., 200 a; vgl. auch *Phaidros*, 237 d–238 c.
48 a. a. O., 200 a–e.

Transitivität folgt daraus, dass man das liebt, »wessen man bedürftig ist und es nicht hat«[49], dass die Liebe begehrt »was [sie] nicht hat«[50], also das »noch nicht Vorhandene und nicht Fertige«[51]. Wie könnte man begehren, was man hat oder was man ist?[52] Und Platon hieb in die gleiche Kerbe: »was er nicht hat und nicht selbst ist, und wessen er bedürftig ist; solcherlei also sind die Dinge, wonach es eine Begierde gibt und eine Liebe«[53]. Deshalb ist die Liebe nicht Gott, weil dem Göttlichen nichts mangelt. Die Liebe ist keine Göttin, sondern eine Vermittlerin, ein *Daimon* (ein guter Dämon, keineswegs ein Teufel, sondern eher eine Art Engel in der etymologischen Bedeutung des Wortes: ein Bote oder Dolmetscher zwischen Göttern und Menschen[54]). Kurzum, Aristophanes hat nichts verstanden: Die Liebe ist nicht Vollständigkeit, sondern Unvollständigkeit; nicht Verschmelzung, sondern Suche; nicht beglückende Vollkommenheit, sondern verzehrende Armut. Eros ist der Sohn von Penia (Armut) und Poros (Ausweg, Mittel). Daher ist er immer arm, wie seine Mutter, und immer auf der Jagd, wie sein Vater, ohne Wohnsitz und ohne Ruhe, stets bedürftig und kühn, listig und gerissen, gierig und bezaubernd.[55] Wie sollte er erfüllt sein? Man liebt nur, was man begehrt; man begehrt nur, wessen man bedürftig ist. Alle Liebe ist Abwesenheit (sofern sie irdisch bleibt) oder Trans-

---

49 a. a. O., 201 a–b.
50 a. a. O., 200 e.
51 ebd.
52 a. a. O., 200 c.
53 a. a. O., 200 e.
54 a. a. O., 202 d–203 a.
55 a. a. O., 203 b folgende.

zendenz (»was außerhalb des Himmels ist«[56]). Wahrheit der Leidenschaft. Wahrheit der Religion. »Du musst in einer Wüste sein«, wird die bedeutendste Platonikerin des 20. Jahrhunderts sagen, »weil der, den du lieben musst, abwesend ist«.[57] Diese Wüste ist die Welt; diese Abwesenheit ist Gott. Das Sein ist woanders – das ist der Abgrund des Platonismus. Das Sein ist das, was fehlt! Lesen Sie das Höhlengleichnis noch einmal.[58] Die Liebe reißt immer wieder einen Abgrund in uns auf – den Abgrund zwischen der Welt und dem von ihr erfundenen Himmel.

»Es gibt keine glückliche Liebe«

Doch lassen wir die Metaphysik und kehren zu unserem Gefühlsleben zurück. Wenn wir Platon lesen, verstehen wir, warum es so leicht ist, sich zu verlieben, und so schwer, es zu bleiben, wenn man zusammenlebt. Das ist ein zweiter Abgrund, der weniger tief, aber schwerer zu ertragen ist.

Die Liebe ist Begehren; das Begehren ist Mangel. Das also ist der Grund, warum wir des Glücks so häufig ermangeln. Das ist der Grund, dass es, wie der Dichter sagt, »keine glückliche Liebe gibt«[59]. Hier entferne ich mich von Platon, zumindest modernisiere ich ihn ein wenig, sagen

---

56 Wie Platon in *Phaidros*, 247 c, sagt.
57 Simone Weil, *Cahiers, Œuvres complètes*, Bd. VI, 2, Paris, Gallimard, 1997, S. 316.
58 *Politeia (Der Staat)*, *Werke in acht Bänden*, Bd. 4, VII, 514 a–520 e.
59 Louis Aragon, *La Diane française*, »Il n'y a pas d'amour heureux« (Seghers, 1945). Dieses sehr schöne Gedicht hat Georges Brassens durch seine Musik und Interpretation populär gemacht.

wir, ich ziehe meine Lehren aus ihm. Ich spreche als Philosoph, nicht als Historiker, denn wir leben und wir denken jetzt, und Platon interessiert uns nur insoweit, als er uns heute behilflich sein kann – und wenn er uns nur über unsere Enttäuschungen aufklärt. Und das ist wahrlich der Fall. Meiner Meinung nach teilt uns nämlich Platon die Wahrheit über die leidenschaftliche Liebe mit – und damit auch über ihr unausweichliches Scheitern. In dem Maße, wie er recht hat oder, besser, wie wir ihm recht geben mit unseren Liebesgeschichten (in dem Maße, wie wir nur lieben oder begehren können, was uns fehlt), geben wir zwangsläufig auch Louis Aragon recht und – wie wir gleich sehen werden – Schopenhauer. Wenn die Liebe Mangel ist (Platon), dann gibt es keine glückliche Liebe (Aragon, Schopenhauer).

Warum? Was ist Glück? Was heißt glücklich sein? Platons Antwort (und Epikur, Epiktet und Kant werden ihn darin bestätigen) lautet, Glück ist, das zu haben, was wir begehren.[60] Alles, was wir begehren? Nicht in jedem Fall, weil wir sehr gut wissen, dass wir unter diesen Bedingungen niemals glücklich sein werden. Doch einen Gutteil – vielleicht den größten Teil – dessen zu haben, was wir begehren, das ist, was Platon oder jeder andere als glücklich bezeichnen würde. Das wird übrigens auch von unseren

---

60 *Gastmahl*, a. a. O., 204 e–205 a (daraus ist natürlich nicht zu schließen, dass für Platon das Glück allein in der Lust liegt: vgl. *Gorgias, passim*, und vor allem *Philebos*, 60 b–67 b). Vgl. auch Epikur »Brief an Menoikeus«, *Briefe, Sprüche, Werkfragmente*, Stuttgart, Reclam, S. 42–47; Epiktet, *Manuel*, II, 1, Pléiade, *Les Stoïciens*, S. 1112; Kant, *Grundlegung zur Metaphysik der Sitten*, II, AA, IV; und *Kritik der reinen Vernunft*, »Von dem Ideal des höchsten Guts«, AA, III, S. 523–524.

Wörterbüchern bestätigt: Glück ist Befriedigung, Lust, Erfüllung. Das Begehren trennt uns vom Glück, und zwar genau durch die Bewegung, die uns zu ihm hinführen soll. Wenn Begehren Mangel ist, begehre ich definitionsgemäß nur das, was ich nicht habe; und wenn ich nur begehre, was ich nicht habe, habe ich definitionsgemäß niemals das, was ich begehre. Folglich bin ich niemals glücklich (da glücklich sein heißt, das zu haben, was ich begehre). Wenn Begehren Mangel ist, ermangeln wir des Glücks.

Natürlich bleibt nicht jedes unserer Begehren unbefriedigt. So schwierig ist das Leben glücklicherweise nicht. Doch sobald eines unserer Begehren befriedigt ist, schafft es sich als Mangel ab (weil es befriedigt ist) und damit auch als Begehren (weil Begehren Mangel ist). So dass Sie nie haben, was Sie begehren (denn wenn kein Mangel mehr ist, ist auch kein Begehren mehr), sondern immer nur das, was Sie begehrten – vorher, als Sie es noch nicht hatten. Bitter für Sie: Glücklich sein heißt nicht, das zu haben, was Sie begehrten; glücklich sein heißt, das zu haben, was Sie begehren. Das, was Sie haben, ist also nicht das, was Sie begehren, sondern das, was Sie vor einigen Minuten oder Jahren begehrten, als Sie es noch nicht hatten. Deshalb sind Sie nicht glücklich.

Ich entschuldige mich bei den Menschen, die vollkommen glücklich sind. Sie widerlegen nicht mich, sondern Platon. Aber gibt es sie überhaupt? Niemand, oder fast niemand, ist jemals ganz glücklich oder lange Zeit. Fast ebenso selten ist es, dass wir, von Katastrophen abgesehen, kein bisschen Glück empfinden. Tatsächlich sind wir mal bei Platon oder Schopenhauer, mal – wie wir sehen werden –

bei Aristoteles oder Spinoza, mal sind wir beschäftigt mit der Jagd nach dem Glück, mal damit, es zu halten, aber meistens befinden wir uns in dem Zwischenbereich, der die beiden Positionen trennt oder verbindet. Doch um diesen Zwischenbereich zu verstehen, der unser wirkliches Leben ist mit seinen Höhen und Tiefen – »Arrhythmien des Herzens«[61] nennt Proust sie –, müssen wir zuerst die Logik der beiden Pole erfassen, die diesen Raum strukturieren. Da ist mal der Pol Platons, das heißt der Pol des Mangels. Solange ich nur begehre, was ich nicht habe, habe ich nie das, was ich begehre. Wie könnte ich glücklich sein?

Drei Beispiele

Drei Beispiele zur Erläuterung dieses Punktes.

Das erste betrifft mich persönlich. Ich bin Philosoph: Ich habe Philosophie studiert. Fünf Jahre meines Lebens war also mein wichtigstes Ziel – zumindest unter diesem Gesichtspunkt – die Lehrbefähigung für Philosophie. Fünf Jahre lang habe ich mir regelmäßig gesagt: »Wie glücklich wäre ich, wenn ich die Zulassung für Philosophie bekäme!« Oder an den optimistischen Tagen: »Wie froh werde ich an dem Tag sein, an dem ich die Zulassung für Philosophie bekomme!« Wie vorgesehen, legte ich am Ende des fünften Studienjahrs die Prüfung ab. Mit Erfolg. Aber jetzt mal ehrlich, was würden Sie denken, wenn ich Ihnen sagte: »Ich

---

61 Marcel Proust, *Auf der Suche nach der verlorenen Zeit*, aus dem Französischen von Eva Rechel-Mertens, revidiert von Luzius Keller, ebook Suhrkamp Verlag, Berlin, 2010.

bin glücklich, weil ich die Lehrbefähigung für Philosophie besitze«? Sie würden sagen: »Was für ein Kretin!« Und natürlich hätten Sie recht. Daraus können wir eine sehr interessante, wenn auch ziemlich unangenehme Lehre ziehen, nicht nur über Universitätsabschlüsse, die sind nicht so wichtig, sondern auch über die Natur des Menschen: Wir erfahren, dass die Lehrbefähigung für Philosophie oder irgendeine andere Examensurkunde niemanden glücklich machen kann – es sei denn, er hat sie noch nicht! Aber leider macht sie ihn nicht glücklich, weil er sie nicht hat (und sie ihm fehlt, wenn er sie begehrt, und er unter diesem Mangel leidet)! Mich macht die Lehrbefähigung nicht glücklich, weil ich sie habe und sie mir infolgedessen nicht mehr fehlt, was mir jede Möglichkeit nimmt, sie zu begehren oder zu lieben. Louis Aragon hätte gesagt: Es gibt keine glückliche Lehrbefähigung!

Das zweite Beispiel ist ernsterer Natur. Stellen Sie sich einen Arbeitnehmer vor, egal in welchem Beruf, der sechs Monate zuvor von einer Firma eingestellt wurde. Er hatte achtzehn Monate Arbeitslosigkeit hinter sich, achtzehn Monate Elend. Mehr als fünfhundert Tage hat er sich jeden Abend und jeden Morgen gesagt: »Wie werde ich glücklich sein, wenn ich wieder einen Job finde!« Und dann wird er von dieser Firma eingestellt: Gehalt okay, Beschäftigung Vollzeit, Vertrag unbefristet... was für ein Glück! Jedenfalls sagt er sich das am Anfang... Dann vergeht etwas Zeit. Eine Woche, zwei... Das Problem liegt offensichtlich darin, dass ihm nach seiner Einstellung die Arbeit nicht mehr fehlt. Es gibt Arbeit, viel Arbeit: Er hat alle Hände voll zu tun und schon bald auch die Nase voll! Denn wenn Begehren Mangel ist, begehrt er nicht mehr, zu arbeiten, sobald an Arbeit kein Mangel mehr herrscht. Er begehrt wie alle anderen die Wochenenden, den Urlaub, den Ruhestand ... Und da die Liebe Begehren ist, begehrt er, nicht mehr zu arbeiten, woraus folgt, dass er seine Arbeit nicht liebt. Er liebt wie alle anderen die Freizeit, die Ruhe, die Muße ... Was für ein Elend, seinen Lebensunterhalt verdienen zu müssen! Ah, wenn er doch im Lotto gewinnen würde und von seinem Vermögen leben könnte!

Kurzum, Platon, der sich ausführlich über die Arbeit und die Situation des Menschen ausgelassen hat, macht uns begreiflich, dass die Arbeit keinen Menschen glücklich machen kann ... es sei denn, er ist arbeitslos! Leider macht sie ihn nicht glücklich, denn er ist arbeitslos, denn die Arbeit fehlt ihm, und er leidet unter diesem Mangel. Aber Arbeitnehmer macht die Arbeit auch nicht glücklich, weil sie Arbeit haben, weshalb diese ihnen nicht fehlt, so dass sie außerstande sind, sie zu begehren oder zu lieben. Geben wir wieder Louis Aragon das Wort: Es gibt keine glückliche Arbeit!

Das dritte Beispiel handelt von der Liebe in der alltäglichsten Bedeutung des Wortes: Verliebtheit, Leidenschaft, Paarbeziehung. Was bedeutet der Vorgang des Sich-Verliebens aus Sicht von Platon? Dass sich eine bestimmte Abwesenheit oder die Abwesenheit eines bestimmten Menschen Ihrer bemächtigt hat, wie eine Leere, die sich in Ihrer Seele oder in der Welt ausbreitet und Sie umtreibt ... Sich verlieben heißt in platonischer Sprache, zu entdecken, dass Ihnen jemand entsetzlich fehlt, den zu besitzen Sie, wie Sie glauben, überglücklich machen würde. Was für ein Schock!

Was für eine Verwirrung! Bis dahin haben Sie sich wohl gefühlt, zufrieden, gelassen, es fehlte Ihnen an nichts, jedenfalls an nichts Wichtigem, nur ein wenig gelangweilt haben Sie sich... Und dann, eines schönen Abends, bei gemeinsamen Freunden, ist es um Sie geschehen! Der gnadenlose Blitzschlag: Sie verlieben sich in diesen Menschen, der Ihnen wahnsinnig fehlt, sobald er Ihnen fern ist. Sie ertragen es nicht, ohne ihn zu leben – Sie haben sich verliebt! Wenn Sie Single sind, ist das eher eine gute Nachricht: Ihr Leben wird komplizierter, gewiss, aber auch interessanter, poetischer, prickelnder... Wenn Sie verheiratet sind, ist es eine ziemliche Katastrophe und ein Anlass für alle möglichen Unannehmlichkeiten... Aus Gründen der Einfachheit werde ich annehmen, dass Sie Single sind. Aber ich kann Ihnen nicht garantieren, dass es nur die Singles trifft.

Also, Sie sind Single und haben sich gerade verliebt. Was werden Sie tun? Zweifellos versuchen, die Person, die Ihnen fehlt, für sich zu gewinnen. Dann gibt es zwei Möglichkeiten: Entweder Sie haben Erfolg – oder nicht. Wenn Sie scheitern, bleibt der Mangel, hält das Leiden an, Sie haben das Gefühl, das Glück verfehlt zu haben... Das nennt man Liebeskummer: Sie lieben jemanden, der Sie nicht liebt. Doch wenn es Ihnen gelingt, diesen Menschen für sich einzunehmen? Wenn er Sie auch liebt; wenn er sich Ihnen hingibt, wie Sie sich ihm, wenn Sie zusammenziehen, vielleicht heiraten, Kinder haben... Da Sie jeden Abend und jeden Morgen zusammen sind, da Sie Ihr Leben und Ihr Bett teilen, wird Ihnen diese Person leider immer weniger fehlen. Nicht weil sie plötzlich Schattenseiten offenbaren würde, sondern ganz einfach, weil sie da ist. Das Problem, dessen

Sie sich nach und nach bewusst werden: Wenn Begehren Mangel ist und wenn Ihnen dieser Mensch immer weniger fehlt, weil er mit Ihnen zusammenlebt, dann folgt daraus, dass Sie ihn immer weniger begehren. Das ist schon erstaunlich: Sechs Monate oder sechs Jahre zuvor – jeder hat seinen eigenen Rhythmus – haben Sie ihn mehr begehrt als alle anderen; und nun, sechs Monate oder Jahre später, erscheint Ihnen das junge, einigermaßen hübsche und womöglich kurzberockte Mädchen vor Ihnen auf der Straße oder der einigermaßen attraktive, geheimnisvolle Mann, dessen Blick Sie begegnen, so viel begehrenswerter als Ihr(e) Partner(in)! Doch wenn die Liebe Begehren ist und wenn Sie diese Person immer weniger begehren, bedeutet das auch, dass Sie sie immer weniger lieben. Zeit ist verstrichen. Sie sind seit sechs Monaten oder Jahren verheiratet, und eines schönen Abends oder eines trüben Morgens fragen Sie sich: »Bin ich denn tatsächlich noch immer in sie, in ihn verliebt?« Die Antwort lautet natürlich nein; sonst hätten Sie sich die Frage nicht gestellt.

Achtung: Das heißt nicht unbedingt, dass Sie ihn/sie nicht mehr lieben. Das heißt lediglich, dass Sie ihn/sie nicht mehr auf dieselbe Weise lieben wie zuvor: Sie empfinden keinen Mangel mehr (auf jeden Fall nicht mehr diese Person betreffend), Sie sind nicht mehr bei Platon, nicht mehr verliebt, in der alltäglichsten und stärksten Bedeutung des Wortes, derjenigen, die es hatte, als Sie sechs Monate oder sechs Jahre zuvor zu Ihrem besten Freund oder Ihrer besten Freundin sagten: »Ich habe mich verliebt.« Es kann sein, dass Sie diesen Menschen nicht mehr lieben, so etwas kommt vor; aber es kann auch sein, dass Sie ihn anders lieben – ich komme im zweiten Teil darauf zurück –, dass sie vom Mangel zur Freude gelangt sind, von der leidenschaftlichen Liebe zur aktiven Liebe, von der Liebe, von der man träumt oder der man erliegt, zu der Liebe, an der man arbeitet und baut.

Doch greifen wir nicht vor. Platon macht uns etwas begreiflich, was höchst aufschlussreich für unser Liebesleben ist: Die Paarbeziehung kann niemanden glücklich machen… außer einen Single! Folglich macht sie ihn nicht glücklich, denn er lebt allein; auch die Partner der Paarbeziehung nicht, weil sie zusammenleben, weil sie sich nicht mehr fehlen.

Die Falle schließt sich. Sie kommen überein zusammenzuleben, weil Sie ineinander verliebt sind; dann sind Sie es immer weniger, weil Sie zusammenleben.

Was tun? Da Sie nicht mehr verliebt sind (da der andere Ihnen nicht mehr fehlt), haben Sie, um es philosophisch zu sagen, nur noch eine Wahl: Entweder fallen Sie von Platon zu Schopenhauer hinab, und das ist schmerzhaft (für diejenigen, die Schopenhauer nicht gelesen haben, kann ich auch sagen, Sie fallen von Platon zu Michel Houellebecq hinab, was auf dasselbe hinausläuft, nur dass es noch schmerzhafter ist), oder Sie klettern von Platon zu Aristoteles oder von Platon zu Spinoza hinauf. Aber noch ist es nicht an der Zeit für diesen Aufstieg. Bevor Aristoteles und Spinoza Ihnen helfen, Ihre Paarbeziehung zu retten, wenn es denn der Mühe wert ist, wollen wir uns Zeit für den Versuch nehmen, um mit Platon und Schopenhauer zu verstehen, dass da tatsächlich etwas zu retten ist, dass es irgendwo ein Problem gibt. Was für eines? Das folgende: Es kann einem nicht fehlen, was man besitzt, oder besser (da niemand einen Menschen besitzt), es kann einem nicht fehlen, was nicht fehlt. Das ist der Übergang von Platon zu Schopenhauer, vom Mangel zur Langeweile.

Ich mache einen beträchtlichen Sprung in der Philosophiegeschichte (vom Griechenland des 4. Jahrhunderts v. Chr. in das Deutschland des 19. Jahrhunderts), allerdings einen Sprung, dem es nicht an Logik mangelt, da Schopenhauer sich immer ausdrücklich in die große platonische Tradition einordnete, sich stets als – wenn auch heterodoxen – Schüler Platons verstand. Der Verfasser von *Die Welt als Wille und Vorstellung* fasst nämlich all das, was ich eben erklärt habe (den Übergang vom Lieben zum Entlieben, von der Leidenschaft zur Paarbeziehung), mit einem Satz zusammen, von dem ich immer behaupte, er sei der traurigste in der ganzen Philosophiegeschichte. Wir haben bald die Talsohle erreicht. Dann geht es nur noch nach oben.

Vom Mangel zur Langeweile

Wenn Sie begehren, was Sie nicht haben, leiden Sie unter diesem Mangel; das ist das, was Schopenhauer wie alle anderen Leiden nennt. Sie haben Hunger, aber nichts zu essen: Leiden. Sie haben Durst, aber nichts zu trinken: Leiden. Sie suchen Arbeit, finden aber keine: Leiden. Sie brauchen Geld, haben aber keins: Leiden. Sie sind verliebt, aber der andere liebt Sie nicht: Leiden. Wir verstehen, warum Schopenhauer sich so vehement auf Buddha beruft! Dass das ganze Leben Leiden sei und dass die Ursache des Leidens der Mangel sei (»der Durst«, wie es in den buddhistischen Texten heißt), das sind die beiden ersten »edlen Wahrheiten« der Predigt von Benares, dem Ausgangspunkt des Schopenhauer'schen Pessimismus. Allerdings ist der Mangel nicht alles: Sie haben nicht immer Hunger oder Durst, Sie sind nicht immer arbeitslos oder verarmt, Sie sind nicht immer verliebt... Was geschieht, wenn Sie keinen Mangel mehr haben, wenn Sie das haben, was Ihnen von da an nicht mehr fehlt? Das Leiden hört auf, weil der Mangel behoben ist. Aber das ist kein Glück, weil es kein Verlangen mehr gibt. Dieser Zustand ist weder Leiden noch Glück, sondern das, was Schopenhauer so schlicht wie treffend *Langeweile* nennt.

Was ist Langeweile? Das ist die Abwesenheit von Glück, ungeachtet seiner erwarteten Anwesenheit. Sie hatten eine Verabredung mit dem Glück. Sie haben sich gesagt: »Was werde ich glücklich sein, wenn ich dieses Diplom, diesen Job, diesen Mann oder diese Frau oder dieses Haus habe!« Und dann haben Sie das Diplom, den Beruf, den Mann oder die Frau, den Job und das Haus; und trotzdem sind Sie nicht glücklich. Sie sind am vereinbarten Treffpunkt, aber das Glück ist nicht da: Das Glück hat Sie versetzt. Sind Sie unglücklich? Nein. Sie leiden nicht mehr, Sie besitzen tatsächlich das Diplom, das Sie haben wollten, die Arbeit, den Mann, die Frau, das Haus, all die Dinge, die sich wünschten... Sie sind nicht unglücklich. Sie sind auch nicht glücklich. Sie langweilen sich.

Schopenhauer fasse das Wesentliche in einem Satz zusammen, sagte ich, der in meinen Augen der traurigste der gesamten Philosophiegeschichte sei. Hier ist er: Unser »Leben schwingt also, gleich einem Pendel, hin und her, zwischen dem Schmerz und der Langeweile«[62]. Leiden (Schmerz), wenn ich das begehre, was ich nicht habe, weil ich unter diesem Mangel leide; Langeweile, weil ich habe, was ich fortan nicht mehr begehre. Leiden vor dem Examen, Langeweile danach. Leiden bei der Arbeitssuche, Langeweile bei der Arbeit. Leiden aus Liebeskummer, Langeweile in der Beziehung.

Das ruft mir das hübsche Chanson von Claude Nougaro ins Gedächtnis: *Une petite fille en pleurs dans une ville en pluie*. Er läuft hinter seiner jungen Ehefrau her, von der er annimmt, sie wolle sich umbringen (»Wo geht es zur Seine?«), weil sie entsetzlich unzufrieden ist, enttäuscht von der Ehe, weil sie sich entsetzlich langweilt oder ihn zu langweilen fürchtet... Er denkt an seine Frau, an sie beide, an seine Unfähigkeit, für ihre Zufriedenheit zu sorgen:

»*Tu m'aimes vraiment, dis-moi,*
Tu m'aimes, tu m'aimes, tu m'aimes?«
C'est tout ce qu'elle sait dire!
En bouffant, en me rasant,
Quand je voudrais dormir,
Faut lui dire que je l'aime![63]

---

62 Schopenhauer, *Die Welt als Wille und Vorstellung*, Zürcher Ausgabe, Zürich, Diogenes, 1977, Bd. II, S. 390. Das ähnelt dem erschreckenden Bild, das Platon von der leidenschaftlichen Liebe und ihrer Ernüchterung in *Phaidros* entwirft: *Werke in acht Bänden*, a.a.O., Bd. 5, 238e–241d.
63 »Liebst du mich wirklich, sag,/liebst du mich, liebst du mich, liebst du mich?«/Mehr kann sie nicht sagen!/Wenn ich esse, wenn ich mich rasiere,/wenn ich schlafen möchte,/muss ich ihr sagen, dass ich sie liebe.

Aber ja: Sie wünscht sich, dass er immer noch verliebt wäre, dass er sie liebte wie am ersten Tag, was ihr vielleicht ermöglichen würde – zumindest ist es das, was sie glaubt –, noch in ihn verliebt zu sein! Wie sollte das gehen? Im selben Chanson lässt Nougaro die beiden folgenden Strophen folgen:

> *Parce qu'elle avait rêvé*
> *Je ne sais quel amour*
> *Absolu, éternel,*
> *Il faudrait ne penser,*
> *N'exister que pour elle*
> *Chaque nuit, chaque jour.*
>
> *Voilà ce qu'elle voudrait,*
> *Seulement y'a la vie,*
> *Seulement y'a le temps,*
> *Et le moment fatal*
> *Où le vilain mari*
> *Tue le prince charmant.*[64]

In diesen beiden Zeilen sind der »abscheuliche Ehemann« und der »Märchenprinz« natürlich ein und dieselbe Person. Wie kann jener diesen umbringen? Es muss irgendeinen Unterschied zwischen den beiden geben. Aber welchen? Er

---

64 Weil sie sich, ich weiß nicht/welche Liebe erträumt hat,/absolut, ewig/musste ich jede Nacht,/jeden Tag nur an sie denken,/nur für sie da sein. So hätte sie es gewollt,/doch da ist das Leben,/doch da ist die Zeit,/Und der fatale Augenblick,/da der abscheuliche Ehemann/den Märchenprinzen umbringt.

ist von bestürzend einfacher Art: Der Märchenprinz ist der Ehemann, der fehlt; der »abscheuliche Ehemann« ist der »Märchenprinz«, wenn er nicht mehr fehlt.

Kein Wunder, dass die Paarbeziehung schwierig ist! »Ein einziger Mensch fehlt, und die Welt ist leer«, schrieb Lamartine. Er hätte hinzufügen können: Fehlt er nicht mehr, ist die Welt überfüllt. Die Wüste brennt vor Leidenschaft. Doch viele Paare leben in staubiger oder eisiger Überfülle. Verlieben ist kein Kunststück: Jeder Jugendliche ist dazu fähig; er kann sich sogar in eine Schlagersängerin oder Filmschauspielerin verknallen, die er noch nie getroffen hat. Jemanden zu lieben, der nicht da ist, das ist leicht. Doch jemanden zu lieben, der da ist, mit dem man zusammenlebt, der nicht mehr fehlt, das ist viel schwerer! Erinnern Sie sich an *Un type comme moi ne devrait jamais mourir*, den Film von Michel Vianey. Die Figur, die von Folon gespielt wird, sagt da einen Satz, der mir zugleich schmerzlich und tiefsinnig erscheint: »Wenn ich nicht allein bin, sage ich mir: ›Ach, wenn ich doch frei wäre!‹, und wenn ich frei bin... bin ich allein!« Man könnte meinen, dass er nicht weiß, was er will. Tatsächlich aber will er zwei gegensätzliche Dinge. Er sieht ein hübsches Mädchen auf der Straße. Wenn er verheiratet ist, bedauert er, dass er nicht frei ist. Die Passantin reizt ihn umso mehr, als er sie nicht kennt. Seine Frau umso weniger, als er sie zu gut kennt. Doch wenn er frei ist, ist er allein: Dadurch wird der Mangel besonders akut, und schon träumt er wieder von der Liebe und einem Leben zu zweit.

Platon und Schopenhauer machen uns die Schwierigkeiten der Paarbeziehung begreiflich. Was ist ein unglückliches

Paar? Ein Paar, das von Platon zu Schopenhauer hinabgefallen ist oder von Aragon zu Michel Houellebecq: Wenn es keinen Mangel mehr gibt, bleibt nur die Langeweile. Dieses Scheitern veranlasst Nietzsche als aufmerksamen (wenn auch ebenfalls heterodoxen) Schüler Schopenhauers zu der schrecklichen Formulierung: »Viele kurze Torheiten – das heißt bei euch Liebe. Und eure Ehe macht vielen kurzen Torheiten ein Ende, als eine lange Dummheit.«[65]

Sie haben sich verliebt, sage ich; also schicken Sie sich an, die Person, die Ihnen fehlt, die allein Ihr Glück vollkommen machen kann, für sich zu gewinnen. Wenn es Ihnen nicht gelingt, dauert das Leiden fort: Das nennen wir Liebeskummer. Aber wenn es Ihnen gelingt, diese Person für sich einzunehmen? Sie liebt Sie auch; Sie ziehen zusammen, leben zusammen; es gibt immer weniger Mangel, immer weniger Begehren, immer weniger Liebe; Sie langweilen sich: Das nennen wir eine Paarbeziehung, eine Ehe.

»Die rechte Art, sich auf die Liebe zu legen« (nach Platon)

Etwas erklärt Platon nicht oder kaum: dass es nämlich gelegentlich auch glückliche Paare gibt. Das ist für mich ein gewichtiger Grund, die Paare zu lieben, die nichtsdestotrotz glücklich sind, und kein Platoniker zu sein.

Auch erklärt Platon nicht, dass es manchmal glückliche Berufstätige gibt (sogar unter denen mit Lehrbefähigung);

---

65 *Also sprach Zarathustra*, Werke in drei Bänden, a.a.O., Bd. 2, S. 333.

das ist für mich ein guter Grund, die Arbeit zu lieben, die nichtsdestotrotz glücklich macht, und kein Platoniker zu sein.

Folglich brauchen wir eine andere Theorie der Liebe oder des Begehrens. Es geht darum, dass wir uns Platon und Schopenhauer so weit wie möglich entziehen. Ich bin überzeugt davon, dass sie uns einen Teil der Wahrheit über die Liebe mitteilen, und habe versucht, das deutlich zu machen; aber ich bin auch davon überzeugt, dass sie uns nicht die ganze Wahrheit sagen. Es gibt weder eine glückliche Liebe noch ein Glück ohne Liebe.

Gibt es einen Ausweg? Ich werde versuchen, Ihnen den meinen vorzuschlagen oder vielmehr den, den ich bei Aristoteles und Spinoza glaube gefunden zu haben. Aber schauen wir zunächst aus Gründen des Anstands, ob es bei Platon selbst einen Ausweg gibt. Die Antwort ist: ja. Es gibt durchaus einen Ausweg, sogar zwei, von denen ich den ersten für Paare wie Singles etwas enttäuschend und den zweiten über die Maßen anspruchsvoll finde.

Der erste Ausweg stützt sich auf das Wesen der Liebe selbst, allerdings in ihrer Beziehung zur Zeit. Eros will nicht einfach das Gute besitzen (weil es fehlt); er möchte es immer besitzen: Er strebt danach, »das Gute ewig zu haben«[66]. Daher hofft die »Liebe auch auf Unsterblichkeit«[67]. Sie will ewig dauern, ewig besitzen, ewig genießen. Aber wie, da wir doch sterblich sind? Platon erwidert: durch Erzeugung oder Erschaffung. Die Liebe ist ihrem

---

66 *Gastmahl*, a.a.O., 207a.
67 a.a.O., 206a–207a.

Wesen nach eine »Ausgeburt«[68], sie kommt nieder in »dem Schönen, sowohl dem Leibe als der Seele nach«[69]; die Liebe ist »Erzeugung und Ausgeburt im Schönen«[70]. Mit anderen Worten, das Ergebnis der Liebe ist das Erzeugnis oder die Zeugung, die Kunst oder die Familie: Werke oder Kinder, denen allein die Fähigkeit zugeschrieben wird, uns zu überleben, so dass wir die einzige Form der Unsterblichkeit erreichen, die uns hier auf Erden vergönnt ist. Ein etwas enttäuschender Ausweg, wie mir scheint, sowohl für den Einzelnen, da Kinder und Werke noch niemanden vor dem Tod bewahrt haben, wie auch für das Leben zu zweit, da die Kinder, wenn sie denn ein mögliches Ziel für ein Paar sind, bekanntlich noch nie ausgereicht haben, eine Liebesgeschichte zu retten... Mit einem Wort, das ist ein Ausweg, wenn man so will, aber nicht die Rettung: ein Ausweg, der verdächtig nach einer Flucht oder einem Abstellgleis aussieht.

Der zweite Weg, den Platon vorschlägt, ist sehr viel anspruchsvoller, und zwar in so hohem Maße, dass er sich in der Praxis für die meisten Paare als fatal erweisen könnte. Er wird erläutert in der »aufsteigenden Dialektik« (der Ausdruck findet sich zwar nicht bei Platon, entspricht aber dem Buchstaben und dem Geist seines Textes)[71], die die Rede von Sokrates oder Diotima beschließt. Die beiden schlagen uns vor, stufenweise von einer Liebe zur anderen

---

68 a.a.O., 206b.
69 ebd.
70 a.a.O., 206e.
71 a.a.O., 208e–212c; diesen Abschnitt fasse ich auf den folgenden Seiten zusammen.

aufzusteigen, von der niedrigsten und zugleich leichtesten Form der Liebe zur höchsten Liebe, die viel seltener und anspruchsvoller ist.

Am leichtesten zu lieben ist ein schöner Körper. Das soll nicht heißen, dass das schlecht sei (wir sind in Griechenland: Alles, was schön ist, ist gut), sondern einfach, dass daran nichts Verdienstvolles ist. Dies ist die niedrigste Stufe der Liebe. Sie ist weder zu verdammen noch zu bewundern. Einen schönen Körper lieben? Nichts ist normaler, nichts einfacher: Jeder einfältige Bursche kommt damit ausgezeichnet zurecht! Er sieht ein junges Mädchen auf der Straße und sagt sich in seiner Sprache: »Geile Figur! Die ist perfekt!« Verzeihen Sie die Vulgarität der Sprache, die keinesfalls die Sache selbst als vulgär hinstellen soll. Mir scheint, die Frauen sind gegen diesen Irrtum gefeit. Nur wenige sind gleichgültig gegen diese Art von Liebe. Keine würde sich mit ihr zufriedengeben.

Steigen wir eine Stufe höher. Zu dem einfältigen Burschen oder einfach zu dem, der sinnliche Liebe empfindet, mit anderen Worten zu uns allen, die wir uns auf der niedrigsten Stufe befinden, würde Platon sagen: »Du liebst diesen schönen Körper und tust recht daran; doch das, was du an ihm liebst, ist nicht der Körper, sondern die Schönheit des Körpers; also liegt es in der Logik deiner Liebe, dass sie dich eine Stufe höher klettern und alle schönen Körper gleichermaßen lieben lässt.« Zweite Stufe der aufsteigenden Dialektik: alle schönen Körper lieben. Sie sehen, wie anspruchsvoll das Unterfangen von Beginn an ist: Ich weiß nicht, ob Ihr Partner oder Ihre Partnerin Ihnen zubilligt, dass Sie, aus Treue zur Liebe, alle schönen Körper lieben, die Ihnen auf der Straße begegnen! Und Sie, wären Sie dazu ohne weiteres bei Ihrem Partner bereit? Oder hätten Sie es nicht doch lieber, dass er Ihnen statt der Schönheit und der Liebe treu wäre?

In diesem Fall ist das besonders anspruchsvoll, denn alle schönen Körper zu lieben heißt, Körper zu lieben, in deren Genuss man nie kommen wird: das heißt, die Schönheit mehr zu lieben als den Besitz, die Anschauung mehr als den Liebesakt, sagen wir die ästhetische Lust mehr als die sexuelle Lust. Insofern stellt diese Form einen Fortschritt dar: Wir sind von der rein sinnlichen Liebe, der fast physiologischen (der Mann oder die Frau erlebt einen Mangel), zu einer bereits ästhetischen Liebe aufgestiegen (dem Verlangen nach Schönheit). In dem einen Fall sagt sich der Bursche: »Die ist perfekt!«; in dem anderen haben wir einen raffinierten Mann voller Bewunderung, der sich sagt: »Wie sind die Frauen schön!« Jeder ist fähig, einen schönen Körper zu lieben; die Männer, die wahrhaft die Schönheit der Frauen lieben, sind – auch unter den Heterosexuellen – weniger zahlreich, als man annehmen könnte.

Steigen wir noch eine Stufe hinauf. Es gibt etwas Schöneres als die schönen Körper: die schönen Seelen! Das ist die dritte Phase der aufsteigenden Dialektik: Die Liebe zu den schönen Seelen könnte man als die Liebe zur Schönheit der Seele bezeichnen. Für Platon und gewiss auch für die Athener jener Zeit liegt darin der Schlüssel zum Umgang mit der (an sich zufälligen, aber von den Zeitgenossen möglicherweise als schockierend oder paradox empfundenen) Tatsache, dass Sokrates hässlich war. Die Griechen maßen der Schönheit mehr Bedeutung zu als allen anderen Eigenschaften. Wie kann es sein, dass der Beste aller Athener, dieser Mann, der ein Weiser und fast ein Heiliger ist, wie man später sagen wird, mit solcher Hässlichkeit geschlagen ist? Dieser Schock ist vielleicht der Ursprung des Platonismus. Denn um die dritte Stufe zu erklimmen, erklärt Platon, müssen wir »die Schönheit in den Seelen für weit herrlicher halten als die in den Leibern, so daß, wenn einer, dessen Seele zu loben ist, auch wenn er nur wenig von jener [körperlichen] Blüte zeigt«, in der Lage ist, unsere Liebe und Zuwendung zu erringen.[72] Fast genauso wird sich Alkibiades am Ende des *Gastmahls* äußern. Alkibiades ist ein junger Athener, einer der schönsten seiner Generation, der erklärt, er sei in Sokrates verliebt, natürlich nicht wegen seines Körpers oder seines Gesichts, die nichts Anziehendes hätten, sondern wegen seiner Seele, die von unvergleichlicher Schönheit sei. Auch das ist noch Eros, aber in vergeistigter Form: Wir haben den Wechsel von der Ästhetik zur Ethik vollzogen.

Von dort gelangt man zu einer vierten Stufe, die die vorhergehende voraussetzt, ohne sie aufzuheben: Das ist der Übergang von der Liebe der schönen Seelen (der Liebe der psychologischen Schönheit) zur Liebe der Schönheit, »die in den Bestrebungen und den Sitten«[73] liegt. Hier könnten wir von der Liebe zur moralischen, ja der politischen Schönheit sprechen. Ich habe diesen Abschnitt nie ohne einen Anflug von Wehmut lesen können: Dass auch Bestrebungen und Sitten schön sein können, sogar schöner noch

---

72 a.a.O., 210 b–c.
73 a.a.O., 210 c.

als eine schöne Seele, verrät viel über den griechischen – oder zumindest athenischen – Geist und über den Abstand, der uns von ihm trennt.

Doch es gibt etwas noch Schöneres als die Schönheit der schönen Seelen, der schönen Bestrebungen und der schönen Sitten. Es gibt etwas noch Schöneres als die psychologische, moralische oder politische Schönheit: Das ist die Schönheit der Kenntnis oder Erkenntnis, der Glanz der Wahrheit, *splendor veritatis,* wie es auf Latein heißt und viel später der Titel einer Enzyklika von Johannes Paul II. war. Eine schöne Beweisführung, ein schöner Lehrsatz, eine schöne Theorie… Außerdem sehr griechisch: Schönheit der Erkenntnis, Schönheit der Wahrheit, Schönheit der Vernunft!

Schließlich die sechste und letzte Stufe, die zeigt, dass es noch etwas Schöneres gibt als die Schönheit der Wahrheit: die Schönheit selbst, ewig und absolut, die Schönheit an sich. Wenn Platon sie beschwört, wird er lyrisch und hört auf, einfach Grieche zu sein; er mutiert zum Mystiker und Platoniker:

Wer nämlich bis hierher in der Liebe erzogen ist, das mancherlei Schöne in solcher Ordnung und richtig schauend, der wird, indem er nun der Vollendung in der Liebeskunst entgegengeht, plötzlich ein von Natur wunderbar Schönes erblicken, nämlich jenes selbst, o Sokrates, um dessen willen er alle bisherigen Anstrengungen gemacht hat, welches zuerst immer ist und weder entsteht noch vergeht, weder wächst noch schwindet, ferner auch nicht etwa nur insofern schön, insofern aber häßlich ist, noch auch schön und dann nicht, noch in Vergleich hiermit schön, damit aber häßlich, noch auch hier schön, dort aber häßlich, als ob es nur für einige schön, für andere aber häßlich wäre. Noch auch wird ihm dieses Schöne unter einer Gestalt erscheinen, wie ein Gesicht oder Hände oder sonst etwas, was der Leib an sich hat, noch wie eine Rede oder eine Erkenntnis, noch irgendwo an einem anderen seiend, weder an einem einzelnen Lebenden noch an der Erde, noch am Himmel; sondern an und für und sich selbst ewig überall dasselbe seiend, alles andere Schöne aber an jenem auf irgendeine solche Weise Anteil habend, daß, wenn auch das andere entsteht und vergeht, jenes doch nie irgendeinen Gewinn oder Schaden davon hat noch ihm sonst etwas begegnet.[74]

Sechste und letzte Stufe der Liebe: das Schöne an sich, das absolute Schöne lieben. Es liegt auf der Hand, wie sich die Christen diese »aufsteigende Dialektik« zunutze machen konnten: Für sie ist das einzige absolute Schöne Gottes Schönheit. Nietzsche hat nicht oder nicht ganz unrecht, wenn er sagt: »Christentum ist Platonismus fürs ›Volk‹.«[75] Allerdings mit einem Unterschied: Die Liebe ist bei Platon nur ein Weg zur Schönheit, während die Schönheit für einen Christen eher ein Weg zur Liebe ist, die allein absolut schön oder gut ist. Die beiden Ideen, so verwandt sie auch sind, bleiben in diesem Punkt sehr verschieden. Wenn die Liebe Mangel ist, wie könnte Gott es sein? Wenn Gott die

---

74 a.a.O., 210 e–211 b; vgl. auch die zweite Rede des Sokrates (seine »Palinodie«, nach seiner Kritik der Leidenschaft) in *Phaidros*, 242 b–257 b.
75 *Jenseits von Gut und Böse*, a.a.O., S. 566.

Liebe ist, wie könnte er Mangel sein? Daher müssen die Christen eine andere Liebe und einen anderen Gott erfinden.

Aber bleiben wir noch einen Augenblick bei Platon. Dieser Aufstieg oder Initiationsweg der Liebe erklärt den Begriff der »platonischen Liebe«, den wir heute verwenden, um die rein ideelle oder geistige Liebe zu bezeichnen, die auf jede sexuelle Befriedigung verzichtet. Dieser Ausdruck entspricht nicht dem Buchstaben des Platonismus und widerspricht in gewissem Sinne auch seinem Geist, weil die körperliche Liebe bei Platon weniger verurteilt als in ihre Schranken gewiesen wird. Einen schönen Körper zu lieben ist für einen Griechen im Allgemeinen und für Platon im Besonderen absolut gerechtfertigt: Nicht die Sexualität ist schlecht, sondern die Maßlosigkeit.[76] Der Gegensatz ist jedoch nur partiell, weil die Logik der Liebe für Platon darin liegt, uns zu erheben, von Mangel zu Mangel, von der leichtesten und niedrigsten Liebe – der sinnlichen zu einem schönen Körper – zur höchsten Liebe: der anspruchsvollsten und reinsten, der Liebe zum Schönen an sich, fast könnte man sagen der Liebe zu Gott. Wenn die Liebe Mangel ist, ist es logisch, nur das zu lieben, das absolut fehlt, jedenfalls hier unten, das, was noch »über das Sein«[77] hinausragt, »außerhalb des Himmels«[78] (also transzendent) ist – das Schöne an sich oder Gott. Das ist ein

---

76 Vgl. beispielsweise *Phaidros*, 237 d–238 c. Im Alter entwickelte Platon immer mehr Vorbehalte gegen die Sexualität, bis er schließlich in den *Gesetzen* ein Loblied auf die keusche Liebe schrieb.
77 *Werke*, Bd. 4, *Staat*, a. a. O., VI, 509 b.
78 *Phaidros*, a. a. O., 247 c.

Initiationsweg, der durch das sexuelle Begehren hindurch führt, aber sich nicht darauf reduzieren lässt:

> Wenn also jemand mittels der echten Knabenliebe, von dort an aufgestiegen jenes Schöne anfängt zu erblicken, der kann beinahe zur Vollendung gelangen. Denn dies ist die rechte Art, sich auf die Liebe zu legen oder von einem anderen dazu geführt zu werden, daß man von diesem einzelnen Schönen beginnend, jenes einen Schönen wegen immer höher hinaufsteige, gleichsam stufenweise von einem zu zweien und von zweien zu allen schönen Gestalten, und von den schönen Gestalten zu den schönen Sitten und Handlungsweisen, und von den schönen Sitten zu den schönen Kenntnissen, bis man von den Kenntnissen endlich zu jener Kenntnis gelangt, welche von nichts anderem als eben von jenem Schönen selbst die Kenntnis ist, und man also zuletzt jenes selbst, was schön ist, erkenne.[79]

Wir sehen, dass das für Paare schon zu Beginn ein anspruchsvoller Weg ist (alle schönen Körper lieben – nur wenige Paare sind fähig, sich das gegenseitig zuzugestehen) und noch mehr an seinem Ende, denn er führt zu einer Art mystischen Liebe (es geht darum, das Göttliche mehr zu lieben als den Menschen, mit dem ich mein Leben teile). Das ist ein möglicher Ausweg und vielleicht sogar das Seelenheil; aber ein Ausweg nach oben, in Richtung Transzen-

---

79 *Gastmahl*, a. a. O., 211 b–c. Die gleichen Themen finden sich wieder in: *Phaidros*, 244 a–257 b.

denz, und eine mystische Rettung. Ich bezweifle, dass das unsere Liebesbeziehungen zu retten vermag.

Was Platon nicht erklärt

Wenn wir unsere Liebesbeziehungen retten möchten oder schlicht verstehen wollen, wie es dazu kommt, dass es glückliche Paare gibt, brauchen wir noch etwas anderes als Werke, Kinder oder Religion. Wie können Liebende glücklich sein? Platon erklärt es nicht. Und doch wissen wir aus Erfahrung – aus unmittelbarer Erfahrung die einen, mittelbarer die anderen –, dass es manchmal glückliche Paare gibt, sogar ohne Kinder, Werke und Religion. Da Platon das nicht erklärt, jedenfalls nicht befriedigend, brauchen wir eine andere Theorie der Liebe. Das bringt mich zum zweiten Teil. Es gibt weder eine glückliche Liebe, sage ich, noch ein Glück ohne Liebe. Das setzt voraus, dass die Liebe wie das Sein mehrere Bedeutungen hat.[80]

---

80 Zur Polysemie des Seins vgl. Aristoteles, *Metaphysik*, Γ, 2, 1003 a–b, Δ, 7, 1017 a–b, und Z, 1, 1028 a–b. Vgl. dazu, was Aristoteles über die verschiedenen Bedeutungen des Wortes »Philia« sagt in *Eudemische Ethik*, VII, 1–7, 1234 b–1241 a.

Philia
oder die Freude an der Liebe

Das zweite griechische Wort für Liebe: *philia*. Was bezeichnet es? Eine Form der Liebe, gewiss, oder mehrere, aber keinesfalls die leidenschaftliche Liebe. Meist wird das Wort durch »Freundschaft« oder »Freundesliebe« wiedergegeben; das ist die traditionelle Übersetzung, und ich kenne keine bessere (»Liebe« wäre zu unbestimmt, »gegenseitige Zuneigung« zu schwerfällig). Trotzdem ist es nicht vollkommen befriedigend. Denn »Philia« bezeichnet zwar Freundschaft, aber auch noch eine Anzahl anderer Gefühle, hat also ursprünglich eine weit umfassendere Bedeutung.

Die Liebe dessen, was nicht fehlt

Wenn Aristoteles beispielsweise die Liebe der Eltern zu ihren Kindern oder der Kinder zu ihren Eltern erklären will, verwendet er nicht das Wort »Eros«. Wie sollen die Eltern fehlen, die wir haben, oder die Kinder, die wir haben? Die Einzigen, die eine *erotische* Liebe – in der platonischen Bedeutung des Wortes (also nicht auf Sexualität, sondern auf Mangel beruhend) – zu ihren Kindern haben könnten, sind die *ungewollt kinderlosen* Paare: Sie bemühen sich, ein Kind zu bekommen, es gelingt ihnen nicht, sie leiden unter dieser Entbehrung, sie lieben in gewisser Weise das Kind, das sie nicht haben und das ihnen fehlt. Sobald ein Kind geboren wird, ändert sich alles: Es gilt, die Liebe zum erträumten Kind, dem Kind, das fehlte, durch die Liebe zum wirklichen Kind, dem, das da ist, das nicht mehr fehlt, zu ersetzen, nicht immer ein leichter Übergang... Liebe ist in beiden Fällen vorhanden (und im zweiten ist sie zweifellos stärker), aber sie hat nicht den gleichen Gegenstand und nicht den gleichen Status. Wir können unsere Kinder leidenschaftlich lieben – ich weiß, wovon ich spreche; aber deshalb sind wir nicht in sie verliebt. Sie fehlen uns nicht; wir können sie nicht besitzen; wir wünschen einzig und allein, dass sie leben und glücklich sind... Was das Verliebtsein in die Eltern angeht, so stellt sie, sobald man den Kindesbeinen entwachsen ist, ein Art Krankheit dar, bei deren Heilung uns die Psychoanalyse manchmal helfen kann. Aristoteles hat also recht, wenn er zur Beschreibung der Kindes- oder Elternliebe nicht den Begriff des »Eros« verwendet. Er wählt das Wort »Philia« – obwohl wir heute innerhalb der Familie selten von Freundschaft sprechen: eher von Zuneigung, Zärtlichkeit, Bindung, Liebe... Diese Liebe – die Eltern- oder Kindesliebe – könnte auf Griechisch *storge* heißen (Zuneigung), aber eben auch *philia*, und diesen zweiten Begriff bevorzugt Aristoteles. Die Familie, sagt er, ist eine *philia*.

Noch interessanter: Wenn Aristoteles (der zweimal verheiratet war und beide Male glücklich) die Liebe zwischen Eheleuten beschreiben will, wählt er nicht Eros, sondern ebenfalls Philia.[81] Das heißt natürlich nicht, dass es in der Ehe kein sexuelles Begehren gibt. Allerdings kann diese Leidenschaft, auch wenn es sie vorher gab (was in der Antike keineswegs die Regel war), die Ehe nicht überstehen.

Die eheliche Liebe heißt auf Griechisch also nicht Eros, sondern Philia. Wir würden wohl eher zögern, in einer Ehe von *Freundschaft* zu sprechen. Zumindest heute. Montaigne hatte damit keine Probleme: Die Liebe unter Eheleuten nennt er unbekümmert »*l'amitié maritale*« [»eheliche Freundschaft«[82]], die »Freundschaft«, die sich in der Paarbeziehung entwickelt. Im Übrigen war es in den Familien des gehobenen Bürgertums bis zum 19. oder dem Beginn des 20. Jahrhunderts durchaus üblich, sich unter Eheleuten mit »mein Freund«, »meine beste Freundin«, »meine liebste Freundin« anzusprechen (denken Sie an die Theaterstücke von Labiche, Courteline, Feydeau...). Sie werden sagen, heute sei das nicht mehr üblich. Das hängt von Faktoren wie Milieu, Alter und Situation ab. Der Tag, an dem eines Ihrer Kinder Ihnen jemanden vorstellt, der die Liebe seines Lebens ist, wird es Ihnen sagen: »Papa, Mama, darf ich euch meinen Freund« oder »meine Freundin vorstellen.« Und Sie werden sofort verstehen, was das heißt: Es bedeutet, dass diese beiden einander vermutlich seit einigen Wochen nicht mehr fehlen, keinen Mangel mehr erleiden. Was im Übrigen nicht auf junge Leute beschränkt ist.

---

81 Vgl. zum Beispiel *Nikomachische Ethik*, VIII, 14, 1162 a; vgl. auch *Eudemische Ethik*, VII, 10, 1242 a.
82 Wird in der hier zugrunde gelegten Ausgabe nur verkürzt übersetzt: »eheliche Pflichten« [»devoirs de l'*amitié maritale*«]: *Essais*, Frankfurt a. M., Eichborn, 1981, III, 9, S. 300.

»Mein(e) Freund(in)...« Unter unverheirateten Paaren ist das die übliche Bezeichnung für den Menschen, mit dem man sein Leben teilt. »Partner« ist der Amtssprache vorbehalten, während man den Ausdruck »Lebensgefährte« eigentlich nur Fremden gegenüber verwendet. Im privaten Kreis heißt es, wie gesagt, meist »mein(e) Freund(in)«, und jeder weiß, was damit gemeint ist: Das ist der Mensch, den ich liebe und der mich liebt, der mir nicht mehr fehlt, da ich mein Leben mit ihm teile, der, in den ich nicht verliebt bin, sondern dessen Geliebte(r) und – eben – Freund(in) ich bin. Das ist im Griechischen die Bedeutung von Philia: Freundschaft, wenn man so will, aber in einer viel umfassenderen und vielfältigeren Bedeutung als im heutigen Sprachgebrauch; sagen wir, es ist die Liebe zu allem, was uns nicht fehlt.

Das ist auch die Liebe nach Aristoteles oder – ich werde darauf zurückkommen – nach Spinoza. Damit kommen wir zum Wesentlichen, zum Verständnis des Begriffs, mit anderen Worten zur emotionalen Bedeutung, die er erfassen und erhellen soll.

»Lieben heißt sich freuen«

Was heißt lieben *(philein)*? Was ist das für eine Liebe *(philia)*, der wir beispielsweise in der Freundschaft, in der Familie oder im Paarleben begegnen? Aristoteles, der geniale und abtrünnige Schüler Platons, sagt in der *Nikomachischen Ethik* (die Kapitel VIII und IX gehören vielleicht zum Schönsten, was je über die Freundschaft geschrieben wurde) und in der *Eudemischen Ethik* Entscheidendes zu dem Thema. Das kulminiert in einem Satz, der so rein ist wie die Morgenröte: »Daher bedeutet das Lieben [Freude].«[83] Hier kehrt sich alles um. Solange Sie bei Platon bleiben und nur lieben können, was Ihnen fehlt, geben sie zwangsläufig auch Louis Aragon recht: Dann »gibt es keine glückliche Liebe«. Wenn Sie dagegen in Ihrem Gefühlsleben Aristoteles recht geben, wenn Lieben für Sie Freude bedeutet, dann hat Aragon natürlich unrecht, im Gegenteil: dann gibt es keine unglückliche Liebe.

Abgesehen von der Trauer natürlich. Weil die Trauer – in der konkreten Bedeutung (der andere ist tot) oder in der übertragenen Bedeutung (der andere liebt Sie nicht mehr oder hat Sie verlassen) – Sie brutal und schmerzlich auf Platon zurückwirft. Daher ist es nicht selten, dass man sich fast augenblicklich wieder in die Person verliebt, die uns ankündigt, dass sie uns verlassen wird, oder die gerade gestorben ist. Denken Sie an Proust: »Mademoiselle Albertine ist fort!« Und weiter: »Damit wir nämlich entdecken, daß wir verliebt sind, vielleicht sogar, damit wir es überhaupt werden, muß oft genug erst der Tag der Trennung kommen.«[84] Ich habe in meiner Umgebung einige spektakuläre Fälle erlebt. Der Alltag hatte die Leidenschaft abgenutzt. Das Drama ließ sie wieder aufleben, zumindest eine

---

83 *Eudemische Ethik*, VII, 2, 1237 a, Darmstadt, Wissenschaftliche Buchgesellschaft, 1984, S. 70.
84 *Auf der Suche nach der verlorenen Zeit*, Bd. 9, *Die Flüchtige*, Marcel Proust, *Auf der Suche nach der verlorenen Zeit*, aus dem Französischen von Eva Rechel-Mertens, revidiert von Luzius Keller, ebook Suhrkamp Verlag, Berlin, 2010.

Zeitlang. Mangel, Leiden, Unglück waren wieder da. Doch das ist das Scheitern der Liebe, nicht ihr Wesen; ihre Enttäuschung, ihre Frustration, ihr Entzug, nicht ihre Erfüllung. Traurige Liebe, die nur in der Trauer über- oder wiederauflebt!

In den anderen Fällen, wenn der andere weder tot noch gleichgültig ist, wenn lieben wirklich sich freuen heißt, gibt es keine unglückliche Liebe, sondern nur »Freude am Freunde«.[85]

Das sagt auch Spinoza in einem anderen Zusammenhang, und der verdient, dass wir etwas länger darauf eingehen.

Die Begierde als Macht

Spinoza würde Platon darin zustimmen, dass die Liebe Begierde sei, aber gewiss nicht darin, dass Begierde Mangel sei. »Begierde ist des Menschen Essenz selbst«,[86] sagt Spinoza: Sie ist die Kraft in uns, die uns bewegt und erschüttert, und diese Kraft sind wir, insofern wir bestrebt sind, in unserem Sein zu beharren, insofern wir uns bemühen, so lange und so gut wie möglich zu existieren. Die Freude bezeichnet die Zunahme oder den Erfolg dieser Kraft (das Empfinden, mehr und besser zu existieren); Trauer ist ihr Scheitern und ihre Verminderung.[87] Das heißt, die Begierde

---

85 *Eudemische Ethik,* VII, 2, 1237 b, a.a.O., S. 70.
86 *Werke in drei Bänden,* Bd. I, *Ethik,* III, Definition 1, Hamburg, Meiner, 2006, S. 171.
87 a.a.O., Definitionen 2 und 3 der Affekte und ihre Erläuterung, S. 171.

ist kein Mangel (»denn ein Mangel ist nichts«[88]), sondern Macht: »Die Macht des Menschen, kraft deren er existiert und etwas bewirkt«, wie Spinoza sagt, auch die Macht, zu genießen und sich zu freuen.[89] Obacht, hier ist nicht die Rede von »Macht« in der politischen oder organisatorischen Bedeutung des Wortes, sondern von »Macht« im Sinne von »Vermögen«: von der möglichen Freude oder der wirklichen Freude. Macht also im Sinne von Potenzial oder Potenz – so wie wir von der sexuellen Potenz sprechen. Dieser Ausdruck ist meist auf Männer gemünzt, wir können ihn aber auch im gleichen Sinne für Frauen verwenden. Was ist die sexuelle Potenz? Die Macht, Lust zu empfinden. Dazu ist kein Mangel welcher Art auch immer erforderlich, und das ist beglückend! Denn wenn Platon immer recht hätte, wenn wir nur begehren könnten, was uns fehlt, wäre unser Sexualleben, wie wir einräumen müssen, noch schwieriger und komplizierter, als es ohnehin ist. Besonders das unsere, meine Herren: Denn in bestimmten Momenten ist es unbedingt erforderlich, dass wir in der Lage sind, die Frau zu begehren, die uns nicht fehlt – weil sie da ist, weil sie sich hingibt, weil sie sich preisgibt.

Manche Männer sind echte Platoniker oder vielmehr Gefangene Platons – Gefangene des Mangels. Das sind jene Männer, die es nur nach Sex gelüstet, wenn sie allein sind.

---

88 a. a. O., Erläuterung zur Definition 3 der Affekte, S. 172.
89 Vgl. *Ethik,* III, Lehrsätze 6 bis 12 (mit den Beweisen, Folgesätzen und Anmerkungen). Zur »Macht des Menschen, kraft deren er existiert und etwas bewirkt« vgl. auch a. a. O. *agendi potentia sive existendi vis* [»seine Wirkungsmacht, anders formuliert, seine Kraft zu existieren« *Ethik,* III, a. a. O., Allgemeine Definition der Affekte, Erklärung, S. 188]).

In diesem Fall gibt es kein Problem: Sie sind absolut fähig zu Begierden, Phantasien, Erektionen. Aber sobald eine Frau anwesend ist, die sich hingibt, »regt sich nichts mehr«, wie man sagt. Dann spricht man von Impotenz. Das sagt durch den Gegensatz genügend über das sexuelle Begehren aus: Es ist nicht Mangel, wie Platon meint, sondern Macht, wie Spinoza lehrt: die Macht, Lust zu empfinden.

Zwei Menschen beim Liebesakt, die einander dabei genießen: was könnte ihnen fehlen? Der Orgasmus? Willkommen im Reich der Erotik... Wenn es nur darum ginge, auf dem kürzesten Weg zum Orgasmus zu gelangen, dann wäre die Masturbation rascher, einfacher und sicherer. Eine befreundete Psychiaterin sagte mir vor etwa dreißig Jahren: »Wem es beim Liebesakt nur um den Orgasmus geht, praktiziert masturbatorische Sexualität.« Ich war sehr jung und antwortete ihr: »Bist du sicher, dass das nicht einfach die männliche Sexualität ist?« Gewiss nicht: Heute weiß ich, dass zwar ein Teil der – männlichen oder weiblichen – Sexualität tatsächlich im Begehren des Orgasmus besteht (was Platon recht gibt), aber dass auch eine andere sexuelle Erfahrung möglich ist, schöner, sinnlicher, die nicht Begehren des Orgasmus ist, sondern Verlangen nach dem anderen, nach der Liebe, ja nach dem Liebesakt ist. Mit einem Wort, dreißig Jahre später habe ich doch immerhin begriffen, dass der Orgasmus nicht entscheidend ist, oder nicht immer, und dass er auf keinen Fall – von der »masturbatorischen Sexualität« abgesehen – das Einzige ist, was zählt. Die Liebenden wissen das sehr gut. Selten ist das, was sie am heftigsten, am freudigsten begehren, der Orgasmus. Sie begehren den anderen, das Begehren des anderen und das

Lustgefühl des anderen; sie begehren beide den Liebesakt mit dem anderen; der aber ist genau das, was sie tun, hier und jetzt, er fehlt ihnen nicht, da sie ihn vollziehen, vielmehr sorgt er dafür, dass sie intensiver und besser existieren, da er ihnen lange vor dem Orgasmus Lustgefühle verschafft und Freude bereitet. Lust der Zärtlichkeit, Lust des Begehrens, Lust der möglichen und wirklichen Liebe... Der Orgasmus? Er lässt niemanden gleichgültig, doch je später er kommt, desto besser: Denn das, wonach es die Liebenden verlangt, ist der Liebesakt selbst und dass er ewig dauert...

Der Mangel, die Macht: zwei verschiedene Formen des Begehrens, wobei Platon, da er auf der ersten insistiert, die zweite vergisst oder unterschätzt. Dass wir manchmal auch in unserem Sexualleben unter Mangelerscheinungen oder, wie man von Drogenabhängigen sagt, »Entzugserscheinungen« leiden, weiß jeder. Das ist die Frustration, die Platon recht gibt und die wir alle irgendwann in unserem Leben schon mal erfahren haben. Aber gerade weil wir genügend sexuelle *Frustration* erlebt haben, würden wir sie nie mit der sexuellen *Macht* (im Sinne von Vermögen) verwechseln! Es ist nicht dasselbe (selbst wenn die beiden Hand in Hand gehen können), auf Entzug zu sein und Freude am Liebesakt zu haben. Im Übrigen wissen wir alle, vor allem die Frauen, dass frustrierte Männer selten gute Liebhaber sind...

Es gibt nicht nur Sex im Leben. Platons Irrtum lag in der Verwechslung von *Hunger,* dem Mangel an Nahrung, mit *Appetit,* der das Vermögen ist, Nahrung zu genießen, an der kein Mangel herrscht. *Appetitus:* Das lateinische Wort ist ein wichtiger spinozistischer Begriff.⁹⁰ Aber man kann es in seiner ganz normalen Bedeutung verwenden. Haben Sie Freunde zum Essen eingeladen, sagen Sie nicht, wenn Sie sich zu Tisch setzen: »Ich wünsche euch einen guten Hunger, ich wünsche euch, dass es euch ordentlich an Essen fehlt! Ihr werdet nicht enttäuscht sein: Es gibt nichts zu essen!« Nein. Was Sie, von Ausnahmen abgesehen, Ihren Freunden sagen, ist genau das Gegenteil: »Keine Angst! Ich habe reichlich vorgesorgt; es ist von allem genug da. Ich wünsche euch das Vermögen, die Nahrung zu genießen, die ich für euch zubereitet habe: guten Appetit!«

Das ist natürlich eine grobe Vereinfachung. Tatsächlich könnten Sie beides sagen: »Ich hoffe, dass ihr Hunger habt: Willkommen bei Platon! Und dass ihr mit gutem Appetit esst: Willkommen bei Spinoza!« Beide haben recht, Platon und Spinoza, ohne ihre Gegensätzlichkeit aufzugeben. Nur Magersüchtige glauben weder dem einen noch dem anderen, insofern stehen die beiden Philosophen für die Prinzi-

---

90 Für den Begriff *conatus* (das Streben jedes Dings, in seinem Sein zu verharren) eines Lebewesens und besonders eines Menschen, insoweit sich das Streben »auf den Geist und zugleich auf den Körper« bezieht (Spinoza behält den Ausdruck »Wille« dem Streben vor, das sich durch Abstraktion »allein auf den Geist« bezieht), egal, ob bewusst oder unbewusst (das Wort »Begierde«, *cupiditas,* verwendet Spinoza, »wenn Menschen sich ihres Triebes bewußt sind«: vgl. im dritten Buch der *Ethik* die wichtige Anmerkung zum Lehrsatz 9). »Das Streben, mit dem jedes Ding in seinem Sein zu verharren strebt, ist nichts anderes als die wirkliche Essenz eben dieses Dinges« (a.a.O., Lehrsatz 7, S. 122). Daraus folgt: »der Trieb ist somit nichts anderes als genau die Essenz des Menschen« (a.a.O., Anmerkung zu Lehrsatz 9, S. 124). Folglich ist es unsere Essenz, bewusst oder unbewusst zu begehren (a.a.O., Definition 1 der Affekte und Erläuterung, S. 171) und also zu lieben (a.a.O., Lehrsatz 13, Beweis und Anmerkung, S. 127).

pien einer gesunden Ernährung. Doch das ist kein Grund, sie zu verwechseln.

Hunger ist ein Mangel, ein Leiden. Man kann daran sterben; jeden Tag sterben Leute an Hunger in der Welt. Der Appetit ist kein Leiden: Er ist eine Kraft, eine Macht (die Macht, zu essen und das Essen zu genießen) und bereits eine Lust. Das beweisen die Gourmets, die es lieben zu essen: Sie können sich freuen an dem, was sie genießen.

Gleiches gilt für die sexuelle Frustration: Sie ist ein Leiden, »eine unlustvolle Spannung«,[91] wie Freud sagt; während die sexuelle Appetenz, die sexuelle Macht, die ich das wirkliche Verlangen nennen würde, eine Kraft und eine Lust ist. Wie schön ist das Verlangen, wenn man zu zweit ist! Es gibt den Liebenden recht, die den Liebesakt lieben: Sie können sich freuen an dieser Macht, zu genießen und Genuss zu spenden!

Das Glück zu lieben

Gehen wir den Dingen auf den Grund. Platon bleibt uns eine Erklärung in Sachen Vergnügen, Freude, Glück schuldig. Wann empfinden wir Vergnügen? Wann empfinden wir Freude? Wann empfinden wir Glück? Es gibt sie gelegentlich – die Momente des Vergnügens, der Freude, des Glücks; immer dann, wenn wir begehren, was wir haben, was ist, was wir tun, kurzum, *wenn wir begehren, was nicht*

---

91 »Jenseits des Lustprinzips«, *Gesammelte Werke*, Bd. 13, Frankfurt, Fischer, 1961, S. 3.

fehlt. Vergnügen, Freude, Glück gibt es immer dann, wenn Platon unrecht hat! Das ist nicht unbedingt eine Widerlegung des Platonismus (was beweist uns, dass Vergnügen, Freude oder Glück recht haben?), aber es ist trotzdem ein triftiger Grund, kein Platoniker zu sein beziehungsweise sich Platon zu widersetzen.

Drei Beispiele, um das zu veranschaulichen.

An einem schönen Sommertag gehen Sie auf dem Land spazieren. Es ist sehr heiß. Sie haben Durst. Sie sagen sich: »Wie würde ich jetzt gern ein schönes kühles Bier trinken!« Sie sind bei Platon. Doch dann stoßen Sie nach einer Wegbiegung auf ein Landgasthaus, wo sie ein kühles Bier bekommen. Während Sie es trinken, flüstert Ihnen Schopenhauers Schatten von hinten sarkastisch ins Ohr: »Ja, ja, ich weiß schon, immer dasselbe: Du langweilst dich bereits! Jetzt, da du das Bier hast, da es dir nicht mehr fehlt, da du es nicht mehr begehrst, langweilst du dich bereits.« Alle Bierliebhaber werden ihm antworten: »Red keinen Unsinn, du Trottel! Es ist einfach herrlich, ein kühles Bier zu trinken, wenn man Durst hat und Bier mag!«

Sie sind im Liebesakt mit dem Menschen, den Sie lieben. Und Schopenhauers Schatten flüstert Ihnen als uneingeladener Dritter traurig ins Ohr: »Ja, ja, ich weiß schon: immer dasselbe. Jetzt, da du endlich mit ihr oder ihm im Bett bist, entbehrst du es nicht mehr, sondern langweilst dich bereits.« An den guten Tagen in der Liebe – oder in den schönen Nächten – können wir Schopenhauer antworten: »Red keinen Unsinn, Dummkopf! Es gibt nichts Schöneres, als im Liebesakt mit dem Menschen zusammen zu sein, den man liebt oder begehrt!« Sie sind nicht mehr bei Platon; Sie sind bei Aristoteles oder Spinoza. Weder Mangel noch Langeweile, sondern Macht und Freude. An den schlechten Tagen oder in den traurigen Nächten fragen Sie sich, ob Platon und Schopenhauer nicht doch, zumindest teilweise, recht gehabt haben...

Sie sind bei der Arbeit, in Ihrem Büro oder der Fabrik, Sie nehmen an einer Besprechung teil, Sie halten eine Vorlesung oder einen Vortrag – jeder mag sich sein Beispiel aussuchen –, und Schopenhauers Schatten flüstert Ihnen von hinten boshaft ins Ohr: »Ja, ja, gib es nur zu: Du langweilst dich! Vorher, als du noch studiert hast oder arbeitslos warst, hast du dir gesagt: ›Was für ein Vergnügen müsste es sein, diesen Job, diesen Posten, diese Funktion zu haben!‹ Das war, weil du sie nicht hattest. Wie könntest du sie jetzt, da du sie hast, da du sie nicht mehr entbehrst, noch begehren? Du bist wie alle anderen vom Mangel zur Langeweile übergegangen...« Die guten Tage im Berufsleben sind jene, an denen wir Schopenhauer antworten können: »Ach was! Ich habe einen faszinierenden Beruf, ich habe gar keine Zeit, mich zu langweilen! Es ist ein Vergnügen, einen Beruf zu haben, der einem gefällt!« Während wir uns an schlechten Tagen fragen, ob die Arbeit nicht doch – gelegentlich oder oft – Platon und Schopenhauer recht gebe...

Alain formuliert treffend: »Der einzige Beruf, in dem man sich nie langweilt, ist der, den man nicht ausübt.« Damit erkennt er an, dass Schopenhauer recht hat, zumindest gelegentlich, genauso wie Aristoteles oder Spinoza gelegentlich recht haben. Es kann sogar passieren – so ist das Leben –, dass sie gemeinsam oder gleichzeitig recht haben. Wenn jemand in meiner Gegenwart erklärt, er langweile sich nie bei seiner Arbeit, ist meine erste Reaktion, dass ich mir sage: »Noch so ein Lügner... oder einer, der nicht berufstätig ist!« Genauso wenn jemand in meiner Gegenwart erklärt, er langweile sich nie in seiner Beziehung. Ich sage mir: »Noch so ein Lügner... oder ein Single!« Erklärt mir jedoch einer: »Ich langweile mich immer bei meinem Job«, bin ich versucht, ihm einen Berufswechsel vorzuschlagen. Nicht anders, wenn mir jemand anvertraut, dass er sich in seiner Beziehung ständig langweile. Wenn es ein Freund ist, liegt es nahe, ihn zu fragen, warum er nicht die Situation oder die Beziehung verändert. Ein glückliches Paar hat keine Beziehung, in der sich keiner von beiden je langweilt, sondern eine, in der die Langeweile die Ausnahme, nicht die Regel ist, in der sich die Partner zu zweit weit weniger langweilen als allein oder mit anderen.

Es geht nicht darum, wer recht hat – Platon und Schopenhauer auf der einen Seite oder Aristoteles und Spinoza auf der anderen. Recht haben sie alle vier, aber sie beschreiben weder die gleichen Erfahrungen noch die gleichen Situationen, noch die gleichen Gefühle. Sie kennzeichnen für uns die beiden Pole unseres Gefühlslebens. Insofern beleuchten sie auch, wie ich oben dargelegt habe, den Bereich zwischen den beiden Polen. Den Pol des Mangels, also der Langeweile, auf der einen Seite: Platon und Schopenhauer. Auf der anderen den Pol der Macht, also des Vergnügens, also der Freude: Aristoteles und Spinoza. Dieser Pol genügt nicht immer für das Glück (wir können genießen und sogar Freude haben, ohne glücklich zu sein). Aber ohne ihn gibt es kein Glück.

Eine spinozistische Liebeserklärung

Also ist auch für Spinoza die Liebe Begehren, doch sie ist kein Mangel. Das Begehren ist Macht; die Liebe Freude. Spinoza kommt hier, vielleicht ohne es zu sagen und vielleicht ohne es zu wissen, auf die schöne Idee von Aristoteles zurück, die ich zu Anfang dieses zweiten Teils zitierte: »Lieben heißt sich freuen.« Die Definition, die Spinoza für die Liebe gibt, ist etwas komplizierter, geht aber in die gleiche Richtung: »Liebe ist Freude unter der Begleitung einer äußeren Ursache.«[92] Lieben heißt sich freuen *über;* in gewisser Weise fügt Spinoza dieses »Über« zur Formulierung des Aristoteles hinzu. Was heißt das konkret? Stellen Sie sich vor, jemand sagt Ihnen: »Ich bin glücklich bei dem Gedanken, dass es dich gibt«; oder auch: »Ich empfinde Freude, und die Ursache meiner Freude ist der Gedanke, dass es dich gibt«; oder einfacher: »Jedes Mal, wenn ich an dich denke, bin ich glücklich.« Sie halten das für eine Liebeserklärung, und Sie haben natürlich recht, und das wiederum gibt Spinoza recht: »Liebe ist Freude unter der Begleitung einer äußeren Ursache.«

Sie haben recht, aber Sie haben auch Glück. Zunächst einmal, weil es eine spinozistische Liebeserklärung ist. Die ist keineswegs alltäglich: Viele Menschen sterben, ohne jemals eine solche Erklärung erhalten zu haben. Also genießen Sie sie, und wenn der Satz von jemandem kommt, der sich in der Philosophie auskennt, dann sagen Sie: »Danke, Spinoza!«

---

92 *Ethik,* III, Definition 6 der Affekte, S. 174. Vgl. auch, a. a. O., die Anmerkung zum Folgesatz von Lehrsatz 13.

Großes Glück haben Sie aber auch, weil es sich um den ganz seltenen Fall einer Liebeserklärung handelt, die nichts von Ihnen verlangt, und das ist wahrhaft außergewöhnlich. Sie könnten einwenden: »Aber wenn man sagt: ›Ich liebe dich‹, verlangt man doch auch nichts!« Aber sicher doch, und nicht nur, dass der andere antwortet: »Ich dich auch!« Beziehungsweise hängt alles davon ab, auf welche Art von Liebe Sie Bezug nehmen, wenn Sie sagen: »Ich liebe dich.« Wenn Sie bei Platon sind, das heißt, wenn Sie verliebt im eigentlichen Sinne des Wortes sind, hat »Ich liebe dich« die Bedeutung von »Du fehlst mir«, *I need you,* wie die Beatles sangen. *Te quiero,* sagt man auf Spanisch (»Ich liebe dich, ich will dich«: das ist dasselbe Wort). Also Sie verlangen sehr wohl etwas; eigentlich verlangen Sie alles, denn Sie verlangen einen ganzen Menschen. Daher sind unsere Liebeserklärungen für den anderen manchmal so lästig, so schwer zu ertragen. Aber die Aussage »Ich bin glücklich über den Gedanken, dass es dich gibt« enthält keinerlei Forderung; sie ist Ausdruck einer Freude. Kein Verlangen, keine Besitzergreifung, sondern Dank.

»Danke, dass Sie so schön sind!«, sagte eines Tages einer meiner Freunde in meiner Gegenwart zu einer Unbekannten, der wir auf der Straße begegneten. Er ist verheiratet und, wie ich glaube, absolut treu. Das hinderte ihn aber nicht daran, sich zu freuen und sich zu bedanken.

Stellen Sie sich vor, meine Damen, ein Mann spricht Sie auf der Straße an, ein Mann, der nicht Ihr Mann ist, was ja ziemlich peinlich ist, ein Mann, den Sie nicht kennen, aber durchaus von ansprechendem Äußeren. Er schaut Ihnen in die Augen und sagt: »Madame, Mademoiselle, ich bin beglückt bei dem Gedanken, dass es Sie gibt!« Was werden Sie ihm antworten? Sie werden mir sagen, das gehe mich nichts an... Stimmt, aber da es nicht ausgeschlossen ist, dass er seinen Spruch aus dem einen oder anderen meiner Bücher hat, muss ich Ihnen trotzdem einige Elemente möglicher Antworten an die Hand geben, mit denen Sie selbstverständlich nach Belieben verfahren können.

Beispielsweise könnten Sie ihm erwidern: »Das freut mich, mein Herr! Sie sagen, Sie sind beglückt bei dem Gedanken, dass es mich gibt; nun, wie Sie selbst sehen können, es gibt mich wirklich. Alles ist gut: Leben Sie wohl, mein Herr!«

Möglicherweise kommen Sie damit Ihrer Augenblickswahrheit ganz nahe: Wenn ein Mann von ansprechendem und sympathischem Erscheinungsbild Ihnen eine Liebeserklärung macht, zumal eine so elegante und zurückhaltende, ist davon auszugehen, dass Sie eine gewisse Freude darüber empfinden. Freude über Freude: Er ist erfreut bei dem Gedanken, dass es Sie gibt (er liebt sie, wenn auch nur oberflächlich); Sie sind erfreut bei dem Gedanken an diese Freude (Sie lieben es, dass er Sie liebt). Unfreundlichkeit wäre nicht angebracht. Die Verführung gehört zu den Freuden des Lebens.

Allerdings können wir es nicht dabei belassen. Sie kennen die Männer: Er wird versuchen, Sie zurückzuhalten. Er wird Ihnen sagen: »Warten Sie, gehen Sie nicht! Ich möchte, dass Sie mir gehören!«

Dann wird es kompliziert: Er ist von der Verführung zur Besitzergreifung übergegangen! Was tun? Sie könnten ihm beispielsweise antworten:

»Das, guter Mann, ist etwas ganz anderes! Lesen Sie Spinoza: ›Liebe ist Freude unter der Begleitung einer äußeren Ursache.‹ Stimmen Sie zu?«

»Äh, ja…«

»Nun dann, was genau macht Ihnen Freude? Und was lieben Sie eigentlich? Die Idee, dass es mich gibt, wie ich eben zu verstehen glaubte? In diesem Fall gestehe ich: Es macht mir Freude, dass Sie mich lieben, und ich sage: Leben Sie wohl. Oder vielmehr die Idee, dass ich Ihnen gehöre, wie ich Sie jetzt zu verstehen fürchte? In diesem Fall lieben Sie nicht mich, sondern den Besitz meiner Person, was darauf hinausläuft, dass Sie, wie so viele Männer, nur sich selbst lieben. Das interessiert mich nicht im Geringsten. Leben Sie wohl, mein Herr!«

Damit werden Sie ihn höchstwahrscheinlich aus der Fassung bringen. Im Großen und Ganzen gibt es zwei Möglichkeiten. Entweder sagt er: »Mist, eine Oberschlaue! Nichts wie weg!« Das ist nicht unwahrscheinlich, macht aber nichts, denn es beweist, dass er nicht viel im Kopf hat. Oder er sagt: »Die ist wirklich was Besonderes, die will ich unbedingt«, mit einem Wort, er lässt nicht locker. Aber da Sie ihn auf ein Terrain gelockt haben, auf dem er sich nicht besonders gut auskennt, muss er improvisieren. So könnte er sagen: »Machen Sie es nicht so kompliziert; ich bin kein Philosoph, ich bin verliebt!« Darauf Sie: »Genau das habe ich befürchtet! Sie sind verliebt: Sie sind bei Platon, Sie können nur lieben, was Ihnen fehlt! Aber Sie und ich, wir haben doch genügend Lebenserfahrung, um zu wissen, dass ich – angenommen, ich gäbe Ihrem Drängen nach, angenommen, ich ›gehörte ganz Ihnen‹, wie Sie sagen – Ihnen immer weniger fehlen würde und schließlich weniger als eine andere oder als das Alleinsein. Wir würden, wie so viele andere, von Platon zu Schopenhauer herunterfallen: Das Begehren, die Liebe würden schwinden, die Langeweile überhandnehmen... Haben Sie Lust, das alles noch einmal zu erleben? Wie gesagt, mich interessiert das wirklich nicht mehr!«

Sind Sie ebenso ehrlich wie eben noch? Ich weiß nicht so recht. Einige sind bestimmt bereit, diese ganze Leidenschaft erneut zu durchleben, oder träumen von nichts anderem... Und manche sind in diesem Traum durchaus geneigt, sie zu begleiten. Ich verurteile sie nicht. Es hat keinen Zweck, sich gegen die Leidenschaft zu wehren: Es ist wirkungslos, wenn sie da ist, und unnötig, wenn sie nicht vorhanden ist. Und vielleicht hat dieser Mann Sie rühren können, oder Sie haben genug davon, allein zu sein, oder er sieht wirklich gut aus, oder es liegt etwas in seinem Blick, von dem Sie gerne mehr erfahren würden... In diesem Fall könnten Sie ihm eine Chance geben, indem Sie beispielsweise hinzufügten:

»Es sei denn...«

»Ja?«

»Es sei denn, Sie sind in der Lage, Spinozist zu sein, zumindest ein wenig, zumindest gelegentlich, nicht nur fähig – wie all die anderen –, das zu begehren, was Ihnen fehlt, sondern auch, sich an dem zu erfreuen, was ist. Wenn das der Fall ist, könnte es mich vielleicht interessieren. Denken Sie darüber nach: Hier ist meine Telefonnummer.«

Ich übertreibe, ich weiß – nicht nur, weil ich vereinfache, das geht nicht anders, sondern weil ich den Zwischenbereich enorm aufblähe, der die leidenschaftliche von der aktiven Liebe, den Mangel von der Freude, mit einem Wort, Platon von Spinoza trennt. Die meisten unserer Liebesgeschichten pendeln zwischen diesen beiden Polen hin und her, mal zur einen Seite, mal zur anderen, oder machen einen Spagat zwischen beiden, meist aber bewegen sie sich, wie gesagt, in dem Zwischenbereich, der die beiden Pole trennt oder verbindet... Anfangs lieben wir in der Regel den Menschen, den wir nicht haben: Die meisten unserer Liebesgeschichten beginnen bei Platon.[93] Und dann, mit der Zeit, dem Zusammenleben, fallen manche Liebende von Platon zu Schopenhauer, von Louis Aragon zu Michel Houellebecq herab. Dann sprechen wir von einer unglücklichen Beziehung: Wenn der Mangel wegfällt, bleibt nur noch die Langeweile. Andere steigen – trotz der Zeit, die verstreicht, manchmal auch dank ihrer – von Platon zu Aristoteles auf, von Platon zu Spinoza, man könnte auch sagen, von Louis Aragon zu Paul Éluard, etwa wenn wir, neben vielen anderen, an die folgenden Zeilen aus der *Poésie ininterrompue* denken:

[93] Auch wenn es seit der sexuellen Befreiung immer häufiger vorkommt, dass die Liebesgeschichte erst nach dem sexuellen Abenteuer beginnt und wir uns in den Menschen verlieben, mit dem wir bereits im Bett gewesen sind. Etliche unter uns wissen, wie wunderbar das sein kann. Das heißt nicht, dass wir den Mangel umgangen hätten, sondern dass wir dann etwas anderes entbehren als einen Körper: eine Gegenwart oder einen Blick, ein Wort oder eine Aufmerksamkeit, eine Liebe und eine Einsamkeit – eine Seele, wenn Sie so wollen. Das ist nicht die Ausnahme, sondern die Regel, die alle Verliebten, egal, wie ihre Geschichte verläuft, früher oder später entdecken. In etwa entspricht das dem Unterschied zwischen einer Liebesgeschichte und einer sexuellen Affäre.

Notre cœur nous conduit
Notre tendresse unit les heures
Ma quotidienne bien-aimée ma bien-aimante...⁹⁴

Wenn es keinen Mangel mehr gibt, bleibt ihnen die Fülle des Wirklichen (»Das Wirkliche ist der bessere Teil«, schreibt Éluard im selben Gedicht), wie beflügelt von der Existenz, der Gegenwart des anderen, von der Liebe, in der sie sich vereinigen und die sie eint, an der sie bauen und in der sie wohnen (»Das ist das Haus der zärtlichen Tage/und der Küsse in der Nacht«⁹⁵), in der sie Genuss und Freude finden. Ihnen bleibt die Freude, zu lieben und geliebt zu werden. Das nennt man ein Paar, das glücklich ist – fast glücklich, und das heißt glücklich. Die beiden können durchaus, wie alle anderen, Augenblicke der Langeweile haben, Augenblicke der Traurigkeit und Wut, aber die sind weniger häufig und weniger heftig als die Augenblicke der Freude, der Lust, der Liebe und des Lachens, des Zutrauens und des Vertrauens, der Macht und der Sanftmut, des Begehrens und der Gelassenheit, des Frohsinns und des Gefühls, der Zärtlichkeit und der Sinnlichkeit... Sie lernen gemeinsam, sich an dem zu erfreuen, was ist, an dem, was sie füreinander sind, der eine durch den anderen, an dieser Liebe, die sie – wie eine Quelle, »aus ihren Tiefen fortgeleitet«⁹⁶, und stärker als der Durst – den Ozean vergessen macht. Allerdings schützt auch das nicht vor dem Schlimms-

---

94 Unser Herz leitet uns/Unsere Zärtlichkeit eint uns die Stunden/ Meine tagtäglich Geliebte meine Liebende.
95 Paul Éluard, *Le Phénix* (1951), *Œuvres complètes*, Pléiade, Bd. II, S. 425.
96 P. Éluard, *Facile*, Pléiade, Bd. I, S. 459

ten. So schreibt Éluard zum Tod von Nusch, seiner zweiten Frau:

> *Nous ne vieillirons pas ensemble.*
> *Voici le jour*
> *En trop: le temps déborde.*
> *Mon amour si léger prend le poids d'un supplice.*[97]

Aber das Schlimmste, falls es kommt oder wenn es kommt, wird nicht vernichten können, was die beiden erlebt haben. Zwar stimmt es nicht, dass die Liebe stärker ist als der Tod, aber das widerlegt weder die Liebe noch das Leben.

Mit dem besten Freund ins Bett gehen?

Aristoteles und Spinoza machen uns genau das begreiflich, was Platon und Schopenhauer nicht erklären: nämlich was eine glückliche Paarbeziehung ist, wie sie sein und dauern kann. Um glücklich zu sein, muss ein Paar nicht das Geheimnis entdecken, wie man der Leidenschaft unendliche Dauer verleiht. Wie wollen Sie es anstellen, dass Sie den Menschen entbehren, der Ihr Leben teilt, der jeden Abend und jeden Morgen anwesend ist? Natürlich heißt es hin und wieder von einem Paar: »Sie sind seit dreißig Jahren verheiratet und so verliebt wie am ersten Tag!« Aber wer soll das glauben? Und wäre es wahr, würde das in gewisser Weise

---

97 P. Éluard, *Le temps déborde* (1947), Pléiade, Bd. II, S. 108–109. (Wir werden nicht gemeinsam altern./Hier der Tag,/der zu viel ist: Die Zeit fließt über./Meine Liebe, sonst so leicht, wird zur qualvollen Bürde.)

auf eine krankhafte Beziehung schließen lassen. Ein glückliches Paar besteht nicht aus einem Mann und einer Frau (oder zwei Männern, zwei Frauen), die das Geheimnis ewiger Leidenschaft gefunden haben, die immer wieder den Mangel beschwören können, so dass ihnen der Mensch fehlt, der nicht fehlt. Nein! Das ist ein Paar, das den Mangel in Freude hat umwandeln können, die leidenschaftliche in aktive Liebe, die verrückte Liebe in vernünftige Liebe; das ist ein Paar, das – statt von Platon zu Schopenhauer abzusteigen, von Platon zu Aristoteles, von Platon zu Spinoza aufsteigt. Nur die Verrückten und die Verliebten geben sich nicht damit zufrieden.

Noch ein paar Beispiele, um das Ganze etwas anschaulicher zu machen.

Eine Freundin, die bald fünfzig wird, erzählt mir von ihrer Ehe. Ihr Mann und sie sind seit gut zwanzig Jahren verheiratet, haben drei Kinder, leben zusammen. Als sie von ihrem Mann spricht, fügt sie hinzu: »Klar bin ich nicht mehr in ihn verliebt; aber ich begehre ihn noch immer; und außerdem und vor allem ist er mein bester Freund!« Diese reife, voll erblühte Frau, die mir anvertraute, dass sie mit ihrem besten Freund ins Bett geht und dass sie dabei Begehren, Lust und Freude empfindet, schien mir etwas sehr Tiefsinniges zu sagen, etwas sehr Bedeutendes und, unter uns, aus erotischer Sicht etwas sehr Verwirrendes, was das wahre Gefühls- und Sexualleben der Paare betrifft. In einer glücklichen Beziehung fehlt den Partnern nicht der jeweils andere, mit dem sie leben, das wäre widersinnig, in einer glücklichen Beziehung begehren die Partner einander, empfinden Lust in der körperlichen Liebe (ihre Genussfähigkeit scheint mit der Erfahrung zu wachsen), sie erfreuen sich an der Existenz des anderen, der Liebe des anderen und nicht zuletzt an dem Glück, das ihnen gemeinsam zuteil wird, trotz der Höhen und Tiefen des Zusammenlebens, des gemeinsamen Alltags, der Nähe ohnegleichen. Es dürfte einige unter uns geben, die wissen, wie wunderbar es ist, Sex zu haben mit dem Menschen, der ihnen nicht fehlt, sondern den sie am besten kennen. Wenn Sie es nicht mögen, verleiden Sie es den anderen nicht.

Kann die Leidenschaft dauern?

Wenn ich in meinen Vorträgen auf dieses Thema zu sprechen komme, sind die Reaktionen der Zuhörer individuell, aber auch altersspezifisch verschieden. Die Erwachsenen, vor allem diejenigen, die das Glück oder Geschick haben, eine glückliche Ehe zu führen, erkennen darin etwas von ihrer eigenen Erfahrung. Dagegen sehe ich sehr wohl, dass die Jugendlichen – vielleicht die Mädchen insbesondere (die Jungen sind oft zu unreif, um sich solche Fragen zu stellen) – ein wenig enttäuscht sind. Im Grunde wollen diese jungen Leute nicht die vernünftige Liebe, sondern die ewige Leidenschaft, die verrückte und triumphierende Liebe. Sie wollen Platon ein ganzes Leben lang: die unvergängliche, glückliche Leidenschaft! Und dann kommt ein Philosoph daher und erzählt ihnen, das sei leider nicht möglich. Wie sollten sie nicht enttäuscht sein? Das beweist jedoch nicht, dass ich unrecht habe, ganz im Gegenteil. Die Enttäuschung gehört untrennbar zur Philosophie.

Nicht dass die Leidenschaft nie von Dauer sein könnte. Sie kann sich über Jahre erstrecken, Jahrzehnte vielleicht, allerdings unter einer unabänderlichen Bedingung: dass sie unglücklich ist. In diesem Fall ist alles möglich, weil eigentlich gar nichts möglich ist. Wenn Sie den Menschen lieben, der Sie nicht liebt, an dem Sie sich nicht erfreuen, mit dem Sie den Alltag nicht teilen, kann die Leidenschaft sehr lange dauern, bei einigen ein ganzes Leben lang – ihr Pech. So ist es in dem schönen Film von Truffaut, der *Geschichte der Adèle H.*: der Tochter von Victor Hugo, die leidenschaftlich in einen britischen Offizier verliebt ist, der sie nicht liebt, die toll vor Liebe, toll vor Entbehrung, toll vor Leiden schließlich wirklich toll, soll heißen geisteskrank, wird, bis sie, sehr alt und immer noch toll vor Liebe, in einer Irrenanstalt stirbt – das jedenfalls legt der Film nahe...

Das ist auch das Thema von Tristan und Isolde, dieser »schönen Geschichte von Liebe und Tod«[98]: Sie lieben sich leidenschaftlich, sie haben den Liebestrank zu sich genommen, können einander aber nicht heiraten, da Isolde die Frau des Königs ist, dessen Neffe und Vasall Tristan ist. So lieben sie sich bis in den Tod: Die Unmöglichkeit des Glücks ist ihre Rettung oder vielmehr ihr Verderben (sie sterben daran), rettet aber ihre Liebe.

...zu welchem Los erkoren,
ich damals wohl geboren?
Zu welchem Los?

---

[98] Denis de Rougemont, *Die Liebe und das Abendland*, Epoché, Gaggenau, 2007, S. 17.

Die alte Weise
sagt mir's wieder: –
mich sehnen – und sterben!⁹⁹

Das Wort »Passion« – »Leidenschaft« – findet hier zu seiner alten Doppelbedeutung zurück, ganz unmittelbar, denn wer wollte die erste erleben (den sinnlichen und emotionalen Rausch: die Leidenschaft der Verliebten) ohne die zweite (das Leiden und den Tod, in dem Sinne, wie wir von der »Passion Christi« sprechen). Es ist unabdingbar, dass die Liebe stirbt oder dass wir an der Liebe sterben. Das fasst Denis de Rougemont in seinem Buch *Die Liebe und das Abendland* in einem einzigen Satz zusammen: »Man stelle sich nur einmal vor: Frau Tristan!«¹⁰⁰ Stellen Sie sich vor, der König stirbt: Isolde ist frei, Tristan und sie laufen in den Hafen der Ehe ein, Isolde wird Frau Tristan. Nur dass Frau Tristan nicht mehr die Isolde aus Tristan und Isolde ist! Ihre Liebe braucht, um überdauern zu können, die Trennung der beiden: »Sie bedürfen einander, um zu brennen, aber nicht einer des anderen so, wie er ist; auch nicht der Gegenwart des anderen, sondern vielmehr seiner Abwesenheit!«¹⁰¹

Genauso gut könnten wir sagen: »Stellen Sie sich Signora Romeo vor!« Oder »Stellen Sie sich Madame Julien Sorel vor!«, wenn wir an Stendhal denken. Die Leidenschaft kann nur im Unglück von Dauer sein; das Glück bedeutet

---

99 Richard Wagner, »Tristan und Isolde«, in: Richard Wagner, *Die Musikdramen,* Hamburg: Hoffmann und Campe, 1971, S. 373.
100 Denis de Rougemont, *Die Liebe und das Abendland,* a.a.O., S. 47.
101 a.a.O., S. 44.

ihr unvermeidliches Ende. Das ist weniger ein Einwand gegen das Glück – wie relativ es auch sein mag – als gegen die Leidenschaft – so absolut, wie sie erträumt oder behauptet wird.

Sich an der Existenz, der Gegenwart des anderen zu erfreuen, Vergnügen daran zu finden, sein Leben und sein Bett zu teilen, das ist nicht weniger, sondern mehr Liebe. Das müsste man unseren jungen Leuten erklären, oder sie müssten es von selbst begreifen. Stellen Sie sich vor – ich wende mich an die Eltern unter Ihnen –, Ihre Tochter hätte sich verliebt. Zunächst bemerken Sie nichts. Doch nach und nach wird es unübersehbar: sie ist blass, magert ab, wird immer bedrückter und nervöser ... Die Eltern machen sich Sorgen, fürchten das Schlimmste: eine Krankheit, Drogen- oder Gewaltprobleme? Die Mutter sucht sie in ihrem Zimmer auf: Das junge Mädchen bricht in Tränen aus und erklärt ihrer Mutter, sie habe sich in einen Jungen verliebt, der sie nicht liebe. Ihre Mutter ist eher erleichtert (»Gott sei Dank! Nur das!«) und richtet die Tochter wieder auf, so gut sie kann. Die Tage verstreichen ... Sechs Monate später ist das junge Mädchen wie ausgewechselt: Sie ist schön wie der junge Morgen, munter wie ein Fisch im Wasser, strahlend und bester Laune. Ihrer Mutter, die schon so etwas ahnt, erklärt sie, dass sie immer noch verliebt ist, in einen anderen oder denselben, in einen, der ihre Liebe erwidert! Unsere beiden Verliebten ziehen zusammen, heiraten einige Monate später. Das ist ein schöner Tag, für Ihre Tochter wie für Sie: Sie sind unendlich glücklich, sie glücklich zu wissen! Allerdings ruft die junge Braut ein halbes Jahr später weinend ihre Mutter an: »Mama, ich lass mich scheiden.« Abermals fürchtet die Mutter das Schlimmste: Trinkt er? Schlägt er sie? Betrügt er sie? Ist er drogenabhängig? Abartig? Nein, nichts dergleichen, versichert die junge Frau: »Er ist sehr lieb, ich habe ihm nichts vorzuwerfen.«

Die Mutter versteht gar nichts mehr: »Aber wo ist dann das Problem? Warum die Scheidung?«

»Erinnerst du dich, ich habe es dir oft erzählt: Bis vor kurzem war es so, dass ich nur seine Schritte im Treppenhaus zu hören brauchte, und schon begann mir vor Freude das Herz in der Brust zu klopfen. Gestern Abend jedoch habe ich seine Schritte gehört, und mein Herz hat so leise und regelmäßig wie ein Uhrwerk geschlagen, als wenn nichts wäre... Siehst du, und deshalb weiß ich, dass ich nicht mehr in ihn verliebt bin. Das muss ich ihm ehrlicherweise sagen, bevor wir ein Kind bekommen.«

»Hör zu, mein Liebes, ich komme gleich bei dir vorbei: Wir sollten darüber sprechen!«

Die Mutter weiß, worum es geht: Wenn ihre Tochter in der Hoffnung geheiratet hat, die tolle Leidenschaft der ersten Monate werde endlos fortdauern, hat sie einen wichtigen Aspekt der Liebe nicht verstanden, einen Aspekt, den die Eltern ihr vielleicht hätten erklären müssen und den die junge Frau nun ihrerseits akzeptieren muss. Einen Aspekt, der nicht traurig ist, jedenfalls nicht unbedingt. Im Übrigen ist meine kleine Geschichte, die lediglich pädagogische Funktion hat, wenig realistisch: Die Leidenschaft ist nicht das letzte Wort der Liebe, die meisten junge Leute wissen oder ahnen das, ohne dass ihre Eltern es ihnen erklären müssen. Sie brauchen nur die Ehe ihrer Eltern zu betrachten, vor allem, wenn sie glücklich ist. Ihre eigenen Erfahrungen mit der Leidenschaft werden das ganz schnell bestätigen. Wie viel Liebeskummer gibt es heute, bevor zwei junge Menschen zusammenleben? Wie viele Versuche und Misserfolge? Dass das niemanden oder fast niemanden entmutigt, ist doch sehr aufschlussreich. »Und wir werden uns noch lieben«, heißt es in einem bekannten Chanson von Joe Dassin, »wenn die Liebe schon gestorben sein wird.« Das Leben ist stärker als der Traum. In diesem Fall lehrt es uns, dass es für die Liebenden auch nach der Leidenschaft noch ein Leben gibt und für ein glückliches Paar auf die Dauer oft mehr Liebe oder authentischere Liebe als den tollen Überschwang des Anfangs (weil sie jetzt den anderen lieben und nicht die Illusionen, die sie sich von ihm gemacht haben), mehr Freude, mehr Lust (auch in ihrem Sexualleben, denn nicht selten braucht die Lust Zeit, wächst sie mit der Kenntnis des anderen und der eigenen Person, mit der geteilten und andauernden Intimität) und, nicht zuletzt, mehr Wahrheit.

Die Wahrheit des anderen

Im ersten Gedicht des Bands *Les Yeux fertiles*, das Éluard für Nusch schreibt, sagt er auf seine wunderbar einfache Art:

On ne peut me connaître
Mieux que tu me connais.[102]

---

102 Man kann mich nicht besser kennen,/als du mich kennst.

Und in *Poésie ininterrompue* richtet er an Dominique, seine dritte und letzte Frau, die Worte:

La vérité fait notre joie écoute-moi
Je n'ai plus rien à te cacher tu dois me voir
Tel que je suis...[103]

Das Paar ist ein Ort der Wahrheit, zumindest kann es das sein, zumindest sollte es das sein. Nicht, weil man sich alles sagt, was weder möglich noch wünschenswert ist, nicht, weil man niemals lügt, was selten ist, sondern weil es uns erlaubt, einen Menschen wirklich zu erkennen, auf Dauer, bei größter Nähe der Körper und Seelen. Jeder weiß, dass »erkennen« in der Bibel auch heißt jemanden »körperlich lieben«. Das ist wirklich ein Erkennen ohnegleichen, vor allem, wenn es andauert, wenn es sich wiederholt (lustvoller Wiederholungscharakter des Begehrens!), wenn es das Sprechen begleitet und beflügelt, wenn es mehr ist als ein angenehmer Zeitvertreib, und das umso mehr, als sich dieses Erkennen mit anderen Erkenntnissen verbindet, sie ergänzt, relativiert, bestätigt oder korrigiert, sie differenziert oder vertieft. In einer liebe- und vertrauensvollen Beziehung kennt Ihr Partner Sie besser, als Ihre Eltern Sie jemals kannten, Ihre Geschwister Sie kennen und selbst Ihre besten Freunde Sie jemals kennen werden. Denn Sie leben mit ihm zusammen und nicht mit ihnen: Mit ihm erkunden Sie diese beispiellose Intimität, die die Sexualität im Kontext

---

103 Glaub mir die Wahrheit ist unsere Freude/Nichts hab ich mehr vor dir zu verbergen du musst mich sehen/wie ich bin.

der Liebe ermöglicht und verlangt. Daher ist es durchaus möglich, dass Ihr Partner Sie, zumindest in gewisser Hinsicht, besser kennt als Sie sich selbst. Im Übrigen, wie sollten Sie sich erkennen, wenn Sie vollkommen alleine lebten? Bei Aristoteles heißt es, dass es »die schwerste Aufgabe ist ... sein eigenes Wesen zu erkennen ... und wir nur aus uns selbst heraus nicht zu einem Bilde von uns selbst kommen können«. Das ist einer Gründe, warum wir Freunde brauchen: »Wie wir nun, wenn wir unser eigenes Gesicht sehen wollen, durch einen Blick in den Spiegel den Anblick zustande bringen, so müssen wir auch, wen wir unser eigenes Wesen erkennen sollen, auf den Freund blicken: dann kommen wir zur Erkenntnis.«[104] Das gilt erst recht für den Freund (den Liebhaber, die Geliebte), mit dem man die Tage und Nächte teilt. In einer Paarbeziehung dient jeder dem anderen als Spiegel – viel gründlicher und informativer als ein Stück poliertes und silberbeschichtetes Glas. Das gemeinsame Leben lehrt uns mehr, auch über uns selbst, als die Selbstbeobachtung; die Liebe mehr als der Narzissmus.

Die Paarbeziehung ist ein – zumindest möglicher – Ort der Wahrheit, während die leidenschaftliche Verliebtheit eher von der Phantasie und Fehleinschätzung lebt. Verliebt zu sein heißt zwangsläufig, sich Illusionen über den Menschen zu machen, für den man entbrannt ist. Das meint

---

104 Aristoteles, *Magna Moralia*, Berlin, Akademie-Verlag, 1983, II, XV, 1213a, S. 88. Pierre Aubenque fügt, nachdem er diese Stelle zitiert hat, den Kommentar hinzu: »Die Natur des Menschen bedingt, dass die Selbsterkenntnis illusorisch ist und in Selbstgefälligkeit ausartet, wenn sie nicht vom anderen vermittelt wird.« (*La Prudence chez Aristote*, Anhang I, »Sur l'amitié chez Aristote«, PUF, 1963, S. 182).

Stendhal, wenn er im Rückgriff auf eine bekannte chemische Erscheinung von der »Kristallisation« spricht. Sie heben einen abgestorbenen Zweig auf der Straße auf: Er ist grau, er ist stumpf, er ist armselig. Er ist nicht schön. Dann tauchen Sie ihn einige Wochen lang in den verlassenen Stollen eines Salzbergwerks und holen ihn Wochen oder Monate später wieder heraus: Er ist mit glitzernden Kristallen besetzt, wie »mit einer Unzahl beweglicher, blendender Diamanten«! Die Kristallbildung der Liebe ist nach Stendhal von gleicher Art, nämlich »die geistige Tätigkeit, die an allem, was sich darbietet, die Entdeckung macht, daß das geliebte Wesen neue Vorzüge hat«[105].

Sie sammeln einen Mann auf der Straße auf: Er ist grau, er ist stumpf, er ist armselig. Er ist nicht schön. Sie tauchen ihn in das Herz einer verliebten Frau, und schon erstrahlt er in den Flammen des Feuers! Leider sind es nur die Strohfeuer der Leidenschaft, er bleibt derselbe graue stumpfe Kerl. Im Zusammenleben mit ihm wird sie ihn zweifellos so erkennen, wie er ist, und nicht mehr wahrnehmen, wie sie ihn sich vorgestellt oder erträumt hat: Sie wird wieder den hässlichen, abgestorbenen Zweig sehen... Das ist der Prozess, den wir Entlieben nennen. Sehr eindringlich hat ihn die russische Dichterin Marina Zwetajewa zum Ausdruck gebracht. Ich zitiere aus dem Gedächtnis: »Wenn eine Frau einem Mann begegnet, in den sie nicht verliebt ist, sieht sie ihn, wie ihn seine Eltern gemacht haben [mit anderen Wor-

---

[105] Stendhal, *Über die Liebe,* Frankfurt a.M., Fischer-E-books, 2012, S. 22. Eine ähnliche Beschreibung findet sich bei Lukrez: *De rerum natura (Welt aus Atomen),* IV, 1153–1170, Stuttgart, Reclam, 1973, S. 341–343. Davon ließ sich Molière anregen in *Der Menschenfeind,* II, V.

ten: wie er ist]. Wenn sie einen Mann betrachtet, in den sie verliebt ist, sieht sie ihn, wie Gott ihn gemacht hat. Wenn sie nicht mehr verliebt ist, sieht sie einen Tisch, einen Stuhl...«

Ich erinnere mich an eine Fernsehsendung, in der Serge Gainsbourg eine ganz ähnliche Idee ausdrückte – auf seine Art, das heißt viel gröber: »Wir lieben eine Frau um dessentwillen, was sie nicht ist; wir verlassen sie um dessentwillen, was sie ist.« Das gilt genauso für die Männer. Sie liebte das, was sie in ihm sah, sie liebte die Illusionen, die sie sich über ihn machte; und dann, ganz allmählich, löst das Zusammenleben diese Trugbilder auf, lehrt sie, den anderen zu sehen, wie er ist. Hin und wieder kommt es dann tatsächlich dazu, dass die Liebe sich davon nicht erholt: Sie verlässt ihn. Gelegentlich aber übersteht die Liebe die Ernüchterung, weil die Liebenden lernen, die Wahrheit des anderen zu lieben, ihn so zu nehmen, wie er ist, so zu nehmen, wie er sich verändert oder nicht verändert, wie er sich entwickelt. Das ist dann das, was wir als glückliche Beziehung bezeichnen.

Einer meiner Freunde, jenseits der vierzig und frisch verliebt, erzählte mir von seiner neuen Eroberung: »Ich liebe sie, weil sie so geheimnisvoll ist.« Ich antwortete: »Du erklärst mir gerade, dass du sie liebst, weil du sie nicht kennst. Also, nimm dir die Zeit, sie kennenzulernen...« Genau das heißt zusammenleben: sich die Zeit nehmen, den anderen kennenzulernen, und zwar in einem so hohen Maß an Intimität, wie es keine andere Erfahrung gestattet. Was ist stärker, kostbarer, nachhaltiger? Der Mensch, der nur die Illusionen liebt, die er sich von mir macht, bringt mich dazu, mich aufzuspielen oder zu fürchten: Was bleibt von seiner

Liebe, wenn er mich kennengelernt hat? Der Mensch hingegen, der mich liebt, wie ich bin, wie er mich ganz nah und ganz wahr erkannt hat, macht mir das beglückendste Geschenk: mich ganz und gar und um meinetwillen zu lieben.

Das erinnert mich an eine Formulierung, die ich kürzlich als Rätsel in irgendeinem Internetforum gelesen habe. Der Verfasser war nicht genannt, sagen wir ein Anonymus des 20. oder 21. Jahrhunderts. Die Frage lautete: »Was ist ein Freund?« Und die Antwort: »Ein Freund ist jemand, der dich sehr gut kennt und dich trotzdem liebt!« Diese Formel, die ich ausgezeichnet finde, passt auch auf die glückliche Paarbeziehung, unter der Bedingung, dass wir die Bedeutung von »Freundschaft« nicht so eng fassen wie im modernen Sprachgebrauch, sondern eher wie bei Montaigne (der von der »ehelichen Freundschaft« spricht) oder wie im Griechischen, wo das Wort *philia* die Liebe zu dem Menschen bezeichnet, der uns nicht fehlt, sondern uns erfreut. Was ist ein glückliches Paar? Ein Paar, in dem beide einander sehr gut kennen und sich trotzdem lieben! Das ist die wahre Liebe: die Wahrheit des anderen zu lieben.

Was im Übrigen nicht verhindert, dass der sexuelle Mangel sich – und wenn auch nur aus physiologischen Gründen – regelmäßig zurückmeldet (das habe ich oben mit dem »lustvollen Wiederholungscharakter des Begehrens« gemeint). Alle Paare kennen das, und auch dass dieser Mangel etwas Unbestimmtes hat: Er kann ebenso gut oder fast ebenso gut von einem anderen Menschen behoben werden, manchmal sogar besser. Hier verdanken wir der vergleichenden Verhaltensforschung einige interessante, wenn auch rohe Einblicke, die die Normalität des Ehebruchs beim Menschen zu bestätigen scheinen. Bei Säugetieren ist Monogamie die Ausnahme. Auch beim Menschen ist nicht selten das Neue aufregender als das Gewohnte. Aber wir sind nicht nur Tiere. Auch die Gewohnheit hat ihren Charme, ihre Wonnen, ihre Abwechslung, ihre Neuerungen... »Es ist besser, ständig Verschiedenes mit derselben Frau zu tun«, sagte mir einmal ein Freund, »als ständig dasselbe mit verschiedenen Frauen.« Das möge jeder nach seinem Geschmack und seinen Bindungen, seinen Erfahrungen und Phantasien selbst beurteilen. Die Paarbeziehung ist nicht nur sexuelles Verlangen, sie ist auch der Wille, mit dem Menschen, den man erwählt hat, dieses Verlangen zu leben (es zu nähren und zu fördern), sie ist nicht nur der körperliche Besitz des anderen, wie der Wolf das Lamm liebt[106] (denn dann lieben wir, es sei noch einmal gesagt, nur uns selbst). In der Paarbeziehung lieben wir die Existenz des anderen, seine Gegenwart, seine Freiheit, sogar seine Einsamkeit, die so ergreifend und erschütternd ist, dass wir sie bewahren, ohne sie aufzuheben.

Liebe und Einsamkeit

Rilke hat recht in seinen *Briefen an einen jungen Dichter,* wenn er feststellt, dass die Liebesbeziehung nicht das Ende der Einsamkeit ist, sondern dass sie sich in der Begegnung

---

106 Diese Formulierung finden wir bei Platon in *Phaidros,* a. a. O., 241 d: »Dieses also mußt du bedenken, o Knabe, und die Freundschaft des Liebhabers kennenlernen, daß sie nicht wohlwollender Natur ist, sondern daß nur nach Art der Speise, um der Sättigung willen, gleichwie Wölfe das Lamm, so lieben den Knaben Verliebte.«

und dem Zusammenleben fortsetzt, so dass »zwei Einsamkeiten einander schützen, grenzen und grüßen«[107]. Das ist nicht weniger Liebe, es sei noch einmal gesagt, sondern mehr Liebe und häufig auch mehr wahre Freiheit. Träumen wir nicht von der Ehe, aber auch nicht von der Ehelosigkeit noch vom Sexualleben der Singles, das nicht immer, wie die meisten von uns aus eigener Erfahrung wissen, besonders befriedigend ist... Gemessen an dem, was ich diesbezüglich erlebt habe, scheint mir René Char mit einer schönen Formulierung aus den *Lettera amorosa* der Wahrheit sehr nahe zu kommen: »Wer zu viel will und nicht an die Frau [oder den Mann oder die Paarbeziehung] glaubt, steht schon bald mit leeren Händen da, wie die Hornisse, die sich mit immer begrenzteren Beutezügen abfinden muss.« Tatsächlich kenne ich mehr Singles, die von der Ehe träumen, als Eheleute, die vom Singledasein träumen. Die einen wie die anderen wissen sehr gut, dass das Leben zu zweit – so schwer es auch manchmal sein mag – besser ist, wenn man sich liebt, als allein zu leben: weil das fast immer mehr Lust bedeutet, mehr Zärtlichkeit und mehr Erotik, mehr Liebe und Lachen, mehr Friede und Freude, mehr Vertrauen, Gemeinsamkeit, Austausch, Nähe, Sinnlichkeit, Wahrheit... »Das Paar muss sich mit den Risiken auseinandersetzen«, um noch einmal René Char zu zitieren. Aber wie mir scheint, wäre es ein noch größeres Risiko, diese erfreulichen, wenn auch anspruchsvollen Risiken der Zweierbeziehung unter allen Umständen zu vermeiden.

---

107 Brief vom 14. Mai 1904, *Briefe an einen jungen Dichter*, Frankfurt a. M., Suhrkamp, 1989, S. 55.

Natürlich steht außer Frage, dass man auch Glück haben muss. Aber nicht nur. Denn wie sollte der Zufall als Grundlage dazu dienen, eine Paarbeziehung zu entwickeln? »Verliebtsein ist ein Zustand«, schrieb Denis de Rougemont, »Lieben ist eine Handlung.«[108] Das heißt, es hängt, zumindest teilweise, von uns ab, und daher ist es legitim, von Misserfolg oder Erfolg zu sprechen. Wer kann schwören, er werde ewig verliebt sein? Genauso gut könnte man schwören, ewig Fieber zu haben! Wir entschließen uns nicht, zu lieben oder nicht mehr zu lieben (die Liebe lässt sich nicht befehlen); aber wir können beschließen, unsere Liebe zu bewahren, zu nähren, zu beschützen, sie am Leben zu erhalten und weiterzuentwickeln. Daher ist das Leben zu zweit auch ein geistiges Abenteuer. Alain sagt: »Letztlich wird die Zweierbeziehung den Geist retten.«[109] Denn der Geist ist für einen Atheisten wie Alain nicht irgendeine wie auch immer geartete immaterielle oder unsterbliche Substanz. Der Geist ist keine Substanz, sondern eine Handlung, genau genommen zwei: Erkennen und Lieben. Die Zweierbeziehung ermöglicht, wenn sie glücklich ist, das Zusammenleben: Sie ist wie eine Hochzeit auf dem Altar der Wirklichkeit – der Freude und der Wahrheit.

»Es gibt weder eine glückliche Liebe noch ein Glück ohne Liebe«, habe ich gesagt. Das ist keine widersprüchliche Formulierung, umso weniger, als sie uns nicht dem Unglück überantwortet, denn es handelt sich in den beiden Fällen nicht um die gleiche Liebe. Es gibt weder eine glück-

---

108 *Die Liebe und das Abendland*, a.a.O., VII, 4, S. 318.
109 *Les Sentiments familiaux*, I (»Le couple«), Pléiade, *Les Passions et la sagesse*, S. 335.

liche Liebe (Eros) noch ein Glück ohne Liebe (Philia). Das dürfte hinreichend zeigen, wohin die Reise geht. Lieben sollten wir etwas weniger das, was fehlt (was streng genommen eher ein Objekt der Hoffnung als der Liebe ist), und etwas mehr das, was ist; etwas weniger das, wovon wir träumen, und etwas mehr das, was wir kennen. Das ist der Übergang von einer Liebe zur anderen, von Eros zu Philia, von der leidenschaftlichen zur aktiven Liebe – ein Prozess, der nie abgeschlossen ist. Es ist besser, Freude und Genuss zu finden an dem, was ist, als zu entbehren, was nicht ist. Es ist besser, zu lieben, was wir kennen, als von dem zu träumen, was wir lieben. Das ist die Wahrheit der Paarbeziehung, wenn sie glücklich ist, und der Liebe, wenn sie wahr ist.

Agape
oder die uferlose Liebe

Hier könnte ich Schluss machen. Die meisten Griechen taten es auch. Entweder wir lieben das, was wir nicht haben und was wir entbehren (Eros), oder wir lieben das, was ist, das, was wir tun, das, was wir genießen – das, was uns nicht fehlt (Philia). Auch wenn sie, wie erwähnt, andere Wörter zur Bezeichnung der Liebe hatten (etwa *storge:* Zuneigung, Zärtlichkeit, besonders in der Familie), auch wenn sie gelegentlich von *philanthropia* sprachen (Menschenliebe oder Menschenfreundlichkeit, eine verallgemeinerte Philia gewissermaßen), so gingen die Griechen doch selten über Eros und Philia hinaus. Wozu also ein drittes griechisches Wort – Agape – ins Spiel bringen? Das ist ein Wort, das Sie vergebens bei Platon, Aristoteles oder Epikur suchen werden – bei allen griechischen Autoren der klassischen Periode, soweit ich weiß. Trotzdem handelt es sich um einen griechischen Begriff, der allerdings erst in der Spätantike verwendet wird, und nicht unbedingt in Griechenland. Was war geschehen? Rund dreieinhalb Jahrhunderte nach dem Tod des Aristoteles, in einem fernen Winkel des Römischen Reichs (längst vergangen die Größe Athens und selbst des Alexanderreichs), begann jemand, der noch nicht einmal Grieche oder Römer war, sondern irgendein dahergelaufener Ausländer, in einem unmöglichen semitischen Dialekt – dem Aramäischen offenbar – seltsame Lehren zu verbreiten. Er sagte beispielsweise: »Gott ist die Liebe.« Oder auch: »Liebet einander.« Oder: »Liebet eure Feinde.« Am erstaunlichsten war, dass einige ihm darin folgten. Sie sagten sich: »Was dieser Mann sagt, ist außerordentlich. Das muss die ganze Welt erfahren!« Aber wie? Heute würde man seine Lehre ins Englische übersetzen und ins Internet stellen. Damals musste man ihn ins Griechische übersetzen (Rom beherrscht die Welt, doch die Kultursprache des gesamten Mittelmeerraums ist noch immer die Koine, das Griechische) und zu Fuß das Mittelmeer umrunden.

*Was kann das für eine Liebe sein,
die Gott ist?*

Versuchen wir den Satz »Gott ist die Liebe« ins Griechische zu übersetzen ... Beispielsweise könnten wir sagen: *ho theos eros estin.* Die Griechen würden zwischen Lachen und Mitleid schwanken. Wie könnte der Mangel Gott sein? Woran sollte es denn Gott fehlen (zumal diesem Gott, dessen unendliche Vollkommenheit ihr rühmt)? Gott ist verliebt? In wen? In dich? In mich? Kann man sich eine törichtere Idee vorstellen? Gibt es eine lächerlichere Anmaßung? Und dann sollen wir in unseren Nächsten so verliebt sein wie in uns selbst ... Ist man in sich selbst verliebt? Soll man es sein? Kann man es sein? Außerdem ist der Nächste irgendein beliebiger Mensch, derjenige, der gerade da ist. Weder werde ich mich in den ersten Besten noch in alle verlieben! Und schließlich das Gebot, seine Feinde zu lieben. Verstehen wir darunter, in sie verliebt zu sein, so haben wir es mit einer Form devianten Verhaltens zu tun, die besser in einem psychiatrischen Lehrbuch aufgehoben wäre als in einem spirituellen Text! Mit einem Wort, um die Liebe des Evangeliums zu übersetzen – denn um die handelt es sich –, kommt *eros* auf keinen Fall in Frage.

Versuchen wir es also mit einer zweiten Übersetzung: *ho theos philia estin*, »Gott ist Freundschaft«. Das passt schon besser. Der Spott der Griechen wäre wohl ausgeblieben, manch einer von ihnen hätte die Idee sogar interessant gefunden. Sehr viel später schrieb Thomas von Aquin übrigens, die Barmherzigkeit sei »eine Art von Freundschaft« (*quaedam amicitia*).[110] Trotzdem bleibt unsere Übersetzung im hellenistischen Kontext problematisch. Die gebildeten Griechen dieser Zeit erinnern sich, dass fast vier Jahrhunderte zuvor Aristoteles, dieser geniale Repräsentant des gesunden Menschenverstands, dargelegt hat, es sei ziemlich lächerlich, sich mit Gott befreundet zu wähnen.[111] Warum? Sicherlich, weil es nach seiner Auffassung Freundschaft nur unter Gleichgestellten geben kann. Aber auch, weil ein Freund nicht nur jemand ist, den Sie lieben, sondern auch jemand, der Sie anderen Menschen vorzieht. Kann man denn der Freund aller sein? Das hieße, der Freund von nie-

---

110 *Summa theologica*, IIa IIae, Cerf, 1985, Bd. III, S. 160.
111 *Magna Moralia*, II, 11, 1208 b, Berlin, Akademie-Verlag, 1983, S. 76; Vgl. auch: *Nikomachische Ethik*, VIII, 9, 1159 a, Berlin, Akademie-Verlag, 1974, S. 180.

mandem zu sein.¹¹² Würden Sie feststellen, dass Ihr bester Freund – oder der Mensch, den Sie dafür halten – Sie nur so liebt wie alle anderen, wären Sie verletzt oder enttäuscht. Von Ihrem Freund erwarten Sie nicht nur, dass er Sie so liebt wie alle anderen Menschen, sondern dass er Sie mehr liebt als die anderen. Mit einem Wort, Sie möchten, dass Ihr Freund Sie den anderen vorzieht. Zu sagen: »Ich bin der Freund Gottes, Gott ist mein Freund«, hieße: »Gott zieht mich den anderen vor«, was vollkommen lächerlich wäre.

Die gleiche Schwierigkeit bei »Liebe deinen Nächsten wie dich selbst«. Dass man der Freund seiner selbst sein kann und soll, ist klar.¹¹³ Aber »Sei der Freund deines Nächsten« ist nicht möglich: Wir suchen uns unsere Freunde aus, nicht aber unseren Nächsten. Warum sollten wir ihn vorziehen, und wie sollte das möglich sein? Der Nächste ist derjenige, dem wir zufällig begegnen, der einfach da ist; den wir uns definitionsgemäß nicht ausgesucht haben. Sein Freund zu sein hieße, der Freund von allen und jedem zu sein, was im Widerspruch zum Begriff der Freundschaft stünde!

Was das »Liebet eure Feinde« angeht, so würde das heißen: »Sei der Freund deiner Feinde« – ein Widerspruch in sich. Die Freundschaft, selbst wenn sie, wie so oft, asymmetrisch ist, setzt gegenseitige Zuneigung voraus (Sie können in jemanden verliebt sein, der nicht in Sie verliebt ist; aber

---

112 Vgl. Aristoteles, *Nikomachische Ethik,* IX, 10, 1171a, a.a.O., S. 212; und *Eudemische Ethik,* VII, 12, 1245b, a.a.O., S. 94.
113 Vgl. Aristoteles, *Nikomachische Ethik,* IX, 4 und 8 (1166a–b, 1168a–1169b), a.a.O., S. 200–201 und 205–210; siehe auch meine Ausführungen in *Du corps,* VII, PUF, 2009, S. 179.

Sie können nicht der Freund von jemandem sein, der nicht Ihr Freund ist). Freundschaft gibt es nur, sagt Aristoteles, wenn das »Wohlwollen gegenseitig« ist und wechselseitig anerkannt wird.[114] Wer der Freund seiner Feinde sein möchte, hat nicht verstanden, was Freundschaft ist, oder verletzt das Prinzip der Widerspruchsfreiheit, was für einen Griechen der Antike die größte aller möglichen Perversionen ist.

Mit anderen Worten, die Liebe, die Jesus verkündete, lässt sich auf keinen Fall als Eros bezeichnen; auch Philia passt nicht so richtig. Nicht nur die Sprache wehrt sich dagegen, sondern auch das Herz. Dadurch sahen sich die ersten Christen gezwungen, wenn schon nicht einen Neologismus zu prägen (das Substantiv *Agape* zeigt sich ab dem 2. Jahrhundert v. Chr. in der griechischen Übersetzung der hebräischen Bibel, der *Septuaginta*), so doch auf ein sehr seltenes, in der Alltagssprache kaum vorkommendes Wort zurückzugreifen (auch wenn es von dem recht gebräuchlichen Verb *agapan*, »zärtlich lieben«,[115] hergeleitet ist), um die von Jesus verkündete Liebe zu bezeichnen, eine Liebe, die umso einzigartiger ist, als sie sich universell versteht. Diese Liebe – die göttliche Liebe oder den göttlichen Aspekt der Liebe – übersetzten die Römer mit *caritas* (abgeleitet von dem Adjektiv *carus*, »lieb, teuer«), »Nächstenliebe« – französisch: *charité*. Im Französischen ist noch ein zweites Wort aus *caritas* abgeleitet worden: *cherté*, die

---

114 *Nikomachische Ethik*, VIII, 2, 1155 b-1156 a, a. a. O., S. 171–172.
115 Es sei erwähnt, dass dieses Verb, das schon bei Homer vorkommt, sich auch bei Aristoteles findet, beispielsweise in der Bedeutung, dass man etwas »wie Kinder« liebt, *Nikomachische Ethik*, IX, 7, 1168 a, a. a. O., S. 205.

Hochpreisigkeit. Also zwei Wörter gleicher Herkunft, das eine gelehrt, das andere volkstümlich. *Cherté* bezieht sich auf die Kosten, den erhöhten (Markt-)Wert dessen, was einen Preis hat. *Charité* dagegen entzieht sich allem Marktgeschehen und Handel: Sie gibt den (moralischen) Wert dessen an, was keinen Preis hat.

Nächstenliebe

Ich muss gestehen, dass ich bei der Erörterung dieser Form der Liebe etwas befangen bin. Weil ich kein Christ bin? Das ist sicherlich nicht das Problem. Auch ohne Buddhist zu sein, kann ich über Mitgefühl sprechen; warum sollte ich also Christ sein müssen, um über Nächstenliebe zu schreiben? Meine Hemmung hinsichtlich der Nächstenliebe liegt vielmehr darin, dass ich keine konkrete Erfahrung habe. Wenn es um Eros geht, spreche ich aus Erfahrung zu Menschen, die mich aufgrund ihrer Erfahrung verstehen. Wir sind alle schon einmal verliebt gewesen, fast alle mehrere Male. Auch wenn es um Philia geht, spreche ich aus Erfahrung zu Menschen, die mich aufgrund ihrer Erfahrung verstehen. Wir haben alle Freunde, fast alle haben wir schon mal in Paarbeziehungen gelebt, etliche von uns sogar in glücklichen Paarbeziehungen. Doch auf welche Erfahrung soll ich zurückgreifen, wenn es um Agape geht? Wer kann sich sicher sein, es habe auch nur ein einziges Mal in seinem Leben einen reinen Augenblick der Nächstenliebe gegeben? Ich nicht. Augenblicke des Mitgefühls? Natürlich, unzählige. Aber Mitgefühl ist keine Liebe. Wer unter uns ist fähig, seinen Nächsten zu lieben, das heißt jeden Beliebigen, egal, wer er ist, egal, was er macht? Steht das nicht im Gegensatz zu allem, was wir über die Liebe wissen, dass sie nämlich immer durch den Wert ihres Objekts bestimmt wird (Platon) oder durch das Verlangen, das wir nach ihm haben (Spinoza)?

Kurzum, nur in dem Maße, wie Eros und Philia zu unserer gemeinsamen Wirklichkeit, zu unserer Erfahrung als Männer und Frauen gehören, ist es möglich, dass Agape, die Nächstenliebe, zu einem Ideal wird, das seine Strahlkraft, wenn ich so sagen darf, durch seine Abwesenheit entfaltet – das erstrahlt, das uns erleuchtet, denn das ist das Wesen des Ideals. Aber es ist kein Erfahrungsgegenstand, kein (durch Deduktion erkennbares) Faktum der realen Welt. Im Übrigen sehen die Christen in der Nächstenliebe eine Gnade, das heißt, nur übernatürlich wird sie möglich ... Jedenfalls spreche ich bei Eros und Philia aus Erfahrung, während ich zugeben muss, dass ich bei Agape aufs Hörensagen angewiesen bin. Aber da dieses Hörensagen seit zweitausend Jahren andauert, da uns dieses Ideal seit zwanzig Jahrhunderten erleuchtet, ist es ein Teil unserer Kultur und rechtfertigt insofern, dass wir uns die Mühe machen, darüber nachzudenken.

Liebe als Rückzug (Simone Weil)

Man könnte sagen – und das wäre sogar das Einfachste –, Agape sei die Liebe gemäß Jesus Christus. Um jedoch auf der philosophischen Ebene zu bleiben, sage ich lieber:

Agape ist die Liebe gemäß Simone Weil. Beenden wir also die Darstellung, die wir mit einer fiktiven Frau der Antike – Diotima – begonnen haben, mit einer ganz realen Frau des 20. Jahrhunderts.

Wenn sich Simone Weil der Nächstenliebe gedanklich anzunähern sucht, beginnt sie fast immer mit einem Zitat des griechischen Historikers Thukydides. In seinem wunderbaren Buch *Der Peloponnesische Krieg*, das er an der Wende vom 5. zum 4. Jahrhundert v. Chr. verfasste, schrieb er: »Wir glauben nämlich, dass der Gott wahrscheinlich, der Mensch ganz sicher allezeit nach dem Zwang der Natur überall dort, wo er die Macht hat, herrscht.«[116] Das ist in der Tat die Logik des Krieges. Auch die der Politik oder der Wirtschaft. Immer und überall werden Parteien oder Unternehmen bemüht sein, ihre Macht möglichst ungehemmt auszuüben. Das ist die Logik des *conatus* bei Hobbes oder Spinoza: Das Bestreben einer Sache, in ihrem Sein fortzubestehen, das heißt, so lange und so gut wie möglich zu existieren, auch auf die Gefahr hin, sich deswegen anderen zu widersetzen, die sich ihr widersetzen oder sie bedrohen. Das ist die Logik des Klassenkampfs bei Marx. Das ist die Logik des Willens zur Macht, also zum Leben, bei Nietzsche: Immer und überall will jedes Lebewesen »wachsen, um sich greifen, an sich ziehn, Übergewicht gewinnen«[117]. Das ist die Logik der Sexualität, jedenfalls der männlichen Sexualität, wenn es nur um Sexualität geht. Sade hat irgendwo geschrieben: »Es gibt keinen Mann, der nicht Des-

---

[116] Thukydides, *Der Peloponnesische Krieg*, v, 105, Stuttgart, Reclam, 1996, S. 455-456.
[117] Friedrich Nietzsche, *Jenseits von Gut und Böse*, a.a.O., S. 729.

pot sein will, wenn er ihm steht.« Logik der Macht: Alles ist Gewalt und Gewaltbeziehung.

Das könnte auch die Logik der Freude sein, sogar der Liebe. Meine Freunde helfen mir, länger und besser zu existieren: Sie lassen mich Freude empfinden. Aber was ist Freude? Das ist der Zustand, in dem »der Geist zu einer größeren Vollkommenheit übergeht«[118]. Da Vollkommenheit und Realität für Spinoza dasselbe sind,[119] heißt das also, dass Freude empfinden gleichbedeutend ist mit mehr existieren, Traurigkeit empfinden hingegen mit weniger existieren. Das deckt sich weitgehend mit unserer Erfahrung. Sie treffen einen Freund, den Sie seit einigen Jahren nicht gesehen haben. Sie fragen ihn: »Wie geht es dir?« Wenn er Ihnen antwortet: »Ich existiere immer mehr und mehr«, schließen Sie daraus, dass er in einer ausgezeichneten seelischen Verfassung ist. Denn Freude zu empfinden heißt, mehr zu existieren, mehr zu haben von der »Macht des Menschen, kraft deren er existiert und etwas bewirkt«, wie es bei Spinoza häufig heißt. Aus diesem Grund kann ich einem Menschen, der mir Freude bereitet, zum Beispiel einem sehr guten Freund oder der Frau, die ich liebe, sagen: »Danke, dass du mir hilfst, mehr zu leben! Danke, dass du für mich ein Anlass zur Freude bist! Danke, dass du die Macht verstärkst, kraft deren ich existiere und etwas bewirke!« Aber genügt die Macht immer und überall? Genügt die Freude immer und überall?

An diesem Punkt sagt sich Simone Weil von Spinoza

---

[118] Spinoza, *Ethik*, III, Anmerkung zu Lehrsatz 11, a.a.O., S. 125; und Definition 2 der Affekte, S. 172.
[119] *Ethik*, II, Definition 6, a.a.O. S. 53.

los.¹²⁰ Macht und Freude können nicht genügen, weil es schlechte Freuden und ungerechte Mächte gibt. So nutzte Athen seine Macht, indem es die kleine Insel Melos verwüstete, alle Männer niedermachte und alle Frauen und Kinder als Sklaven verkaufte... In Bezug auf diese Greueltaten zitiert Simone Weil Thukydides: »Nach dem Zwang der Natur herrscht jeder überall dort, wo er die Macht hat.« Dann fügt sie dem Sinn nach hinzu: das ist wahr, das ist immer wahr, es sei denn, es herrschte Nächstenliebe.¹²¹ Was ist die Nächstenliebe? Eine Liebe, die darauf verzichtet, ihre Macht ungehemmt auszuüben; eine Liebe, die Thukydides Lügen straft (und mit ihm Hobbes, Spinoza, Nietzsche, Marx...) oder die die – übernatürliche – Ausnahme von der unter natürlichen Umständen wahren Regel ist, die Thukydides verkündet.

Elternliebe

Drei Beispiele.

Ich erinnere mich, dass vor etwa zwanzig Jahren einer meiner Freunde, ein brillanter Soziologe, aber damals auch

---

120 Zur Beziehung zwischen Simone Weil und Spinoza vgl. meinen Artikel »Le Dieu et l'idole (Alain et Simone Weil face à Spinoza)« in: *Cahiers Simone Weil,* Bd. XIV, Nr. 3, September 1991, S. 213–233, abgedruckt in: O. Bloch (Hg.), *Spinoza au XXᵉ siècle,* PUF, 1993, S. 13–39.

121 Siehe *Das Unglück und die Gottesliebe,* »Formen der impliziten Gottesliebe«, München, Kösel, 1953, S. 140–146. Vgl. auch *Die Schwerkraft und Gnade,* »Hinnahme der Leere«, München, Kösel, 1981, S. 21: »Nicht alle Macht ausüben, die einem zu Gebot steht, heißt die Leere ertragen. Das widerspricht allen Naturgesetzen: die Gnade allein vermag es.«

ein junger Familienvater, zu mir sagte: »Kinder sind wie Wasser: Sie belegen jeden verfügbaren Raum mit Beschlag!« Ich hatte damals selber drei sehr kleine Jungen und fand die Formulierung äußerst treffend. »Der sieht das Leben, wie es ist«, dachte ich, »er hat etwas wirklich Wichtiges begriffen!« Ja, die Kinder sind wie Wasser: Sie bestätigen Thukydides und Nietzsche, sie setzen ihre Macht ungehemmt durch, sie wollen »wachsen, um sich greifen, an sich ziehn, Übergewicht gewinnen«. Wenn wir einen Schritt zurückweichen, rücken sie einen Schritt vor. Ganz gewiss müssen wir Widerstand leisten, sie hindern, ihnen – gegen sie, für sie – unsere elterliche Macht entgegensetzen. Das ist der – zweifellos notwendige – Anteil von Spinoza und Nietzsche an der Kindererziehung. Aber wer käme auf die Idee, dass er genügen würde? Außerdem waren auch die Eltern einst Kinder, und zum Teil sind sie es noch immer. Sie verteidigen ihr Revier, ihre Macht, ihre Vorherrschaft… Aber nur zum Teil. Sie haben gelernt, ihre Macht zu kontrollieren, einzuschränken, auf sie zu verzichten, wenn es sein muss. Sie sind nicht mehr wie Wasser oder wie Kinder: Sie belegen nicht mehr jeden verfügbaren Raum mit Beschlag! Wenn sie es täten, was bliebe dann den Kindern für Raum zum Leben, Wachsen, Gedeihen? Kinder sind extrem schwach, solange sie klein, zerbrechlich, hilflos sind. Würden die Eltern ihre Macht ständig ungehemmt ausüben, könnten die Kinder die ihre nicht entfalten. Ohnehin wären sie schon längst gestorben. Ich appelliere an das Gedächtnis derer, die es schon erlebt haben: Erinnern Sie sich an die erschreckende Schwäche eines Neugeborenen und die vergleichsweise maßlose Kraft seiner Eltern. Und es ist die Schwäche, die über die Kraft gebietet: Die Kraft zählt nur, insofern sie dem Kind dient, nur in dem Maße, wie sie auf ihre ungehemmte Entfaltung verzichtet, nur insofern, als sie sich in Sanftmut verwandelt. Das grenzt an ein Wunder und ist doch die natürlichste Sache der Welt: Ohne diese Sanftmut hätte die Menschheit nicht überlebt. Sanftmut der Mutter? Gewiss, aber nicht nur. Wenn man dem jungen Vater zum ersten Mal sein Neugeborenes in die Arme legt, erklärt man ihm: »Pass auf, schüttle es nicht, stütz ihm den Nacken: er ist empfindlich, du kannst ihm das Genick brechen!« Mit anderen Worten: Übe deine Macht nicht ungehemmt aus! Würden Väter handeln, wie es Thukydides beschreibt, würde kein Neugeborenes die väterliche Macht überleben. Daher müssen die Mütter seit mindestens hunderttausend Jahren (ansatzweise ist es schon bei den Menschenaffen zu beobachten) den Vätern beibringen – ihren Söhnen und ihren Partnern –, ihre Macht nicht ungehemmt auszuleben. Lektionen der Sanftmut? Lektionen der Nächstenliebe? Beide Interpretationen sind möglich. Es ist kein Zufall, wenn Gott in der jüdisch-christlichen Tradition der Vater ist (wäre er die Mutter, wäre das noch besser, aber das ließ der antike und mediterrane Machismus nicht zu). Gott ist, wenn es ihn gibt, exakt diese Liebe, die darauf verzichtet, ihre Macht ungehemmt auszuüben. Das wird mein zweites Beispiel sein. Doch zuvor noch ein Wort über die Eltern, die wir sind oder die wir noch werden.

Sie sind zu Hause, im Wohnzimmer. Die Kinder sind in ihrem Zimmer, nehmen wir an, in der oberen Etage, wenn Sie in einem Einfamilienhaus leben. Sie sind zu laut, oder es ist schon spät, und sie müssen zu Bett, vielleicht sollen sie auch ihre Hausaufgaben machen oder ihr Zimmer aufräumen, egal. Sie gehen die Treppe hoch, um sie zur Ordnung zu rufen. Freundlich und liebevoll zwar, aber doch entschlossen, Ihre Macht durchzusetzen! Dann kommen Sie oben auf dem Treppenabsatz an; die Tür des Kinderzimmers steht halb offen, Sie sehen die zwei oder drei brünetten oder blonden Köpfchen, so niedlich, so zart, so rührend und so verletzlich – und so zufrieden ohne Sie! –, dass Sie, statt einzutreten und die Ordnung wiederherzustellen, statt zu freundlicher Machtausübung zu schreiten, leise kehrtmachen und die Treppe auf Zehenspitzen hinuntergehen. Sie verzichten darauf, Ihre Macht auszuspielen, und das löst ein solches Glücksempfinden bei Ihnen aus, dass Sie weinen möchten. Traurigkeit? Ganz im Gegenteil. Vielmehr Rührung, Sorge, Fürsorge – eine Freude, in der Zärtlichkeit und Verantwortung mitschwingen; eine Stärke, die nichts als dienen und schützen will. Liebe der Sanftmut: Sanftmut der Liebe. Sie verzichten darauf, den ganzen verfügbaren Raum mit Beschlag zu belegen, damit Ihre Kinder ihre eigene Macht ausüben können, damit sie mehr Raum haben, um zu existieren. Sie sind bereit, weniger zu existieren, damit die Kinder mehr existieren können. Dieser Augenblick, da Sie die Treppe auf Zehenspitzen hinuntergehen, dieser Augenblick, da Sie aus Liebe darauf verzichten, Ihre Macht ungehemmt auszuüben, dieser Augenblick liebevoller Sanftmut ist für Simone Weil ein Augenblick der Nächstenliebe. Gäbe es nicht ein scheinbar göttliches oder übernatürliches Element in der Elternliebe, warum hätten wir dann einen Gottvater erfunden?

Die Schöpfung und das Problem des Bösen

Das zweite Beispiel ist in der Tat Gott selbst. Warum hat er die Welt erschaffen? Wenn Gott seine Macht hätte ungehemmt ausüben wollen, dann würde es, sagt Simone Weil, nur Gott geben. Gott kann nur dann etwas anderes als sich selbst erschaffen, wenn er bereit ist, nicht alles zu sein. Gott müsste sich »zurückziehen«, schreibt Simone Weil und knüpft damit, vielleicht ohne es zu wissen, an ein altes Thema der jüdischen Mystik an, den *zimzum,* den die Christen später *kenosis* oder *exinanitio* nannten – die Bewegung, mit der sich Gott zurückzieht, sich entäußert, wie Paulus schreibt,[122] und schließlich auf alles Sein verzichtet, damit etwas anderes als er selbst existieren kann.[123] Was? Die Welt samt uns. Also die Welt, die weniger gut ist als Gott, und das ist der Grund, warum es das Böse in der Welt gibt, erklärt Simone Weil und nennt damit für das bekannte Problem des Bösen, das die Aporie aller Religionen ist, eine Lösung, der ich zwar nicht beipflichte, die ich aber außerordentlich originell und tiefsinnig finde. Wenn die Welt von einem zugleich allmächtigen und unendlich guten Gott erschaffen wurde, wie kann dann das Böse in der Welt

---

[122] Brief an die Philipper, II, 7: Er »entäußerte sich selbst«. In dem Zusammenhang bezieht sich die Formulierung auf die Menschwerdung und Kreuzigung; doch Simone Weil verallgemeinert sie auch auf die Schöpfung der Welt: Gott verzichtet zuerst darauf, alles zu sein (Schöpfung), dann darauf, Gott zu sein (Menschwerdung), und schließlich verzichtet er sogar auf sein menschliches Leben (Kreuzigung).

[123] Siehe *Schwerkraft und Gnade,* München 1954, »Entschaffung«, S. 101–111.

sein? Die Antwort unserer mystischen Philosophin stützt sich auf drei Punkte, die wir zusammen betrachten müssen: Wäre kein Böses in der Welt, wäre die Welt vollkommen; aber wäre die Welt vollkommen, wäre sie Gott; und wäre die Welt Gott, wäre sie Gott und nicht die Welt. Das ist eine Theodizee, wenn Sie so wollen, aber eine paradoxe: Statt die Existenz des Bösen zu leugnen oder zu verharmlosen, verwandelt sie es in ein Schlüsselelement der Schöpfung. Danach kann Gott nur etwas anderes als sich selbst erschaffen – das heißt überhaupt erschaffen –, wenn er akzeptiert, dass er nicht alles ist. Da Gott alles überhaupt mögliche Gute ist, kann er nicht das geringste Gute dem unendlich Guten, das er ist, hinzufügen. Das ist der Preis, den er für seine absolute Vollkommenheit zahlen muss: nur Gott ist vollkommen; alles, was vollkommen ist, ist Gott. Also kann Gott nur erschaffen, was weniger gut ist als er, was weniger gut ist als das Gute. Überspitzt ausgedrückt, und das ist der Gedanke, den ich zugleich erschreckend und beeindruckend finde: Gott kann nur das Böse erschaffen!

Beispielsweise kann Gott nicht das Leben *erschaffen* (denn er *ist* das Leben); er kann nur ein anderes Leben erschaffen, ein Leben, das weniger lebendig ist als das seine. Wieder überspitzt: Er kann nur den Tod erschaffen (das Leben gab es vor der Schöpfung, die Sterblichen nicht). Genauso existierte das Gute schon vor der Schöpfung, das Böse nicht. Daher mehrt die Schöpfung das Gute nicht (es ist unendlich und vollkommen in Gott); sie beraubt ihn eines Teils seiner selbst. »So ist das Vorhandensein des Übels hienieden, weit entfernt, ein Beweis gegen die Wirklichkeit Gottes zu sein, dasjenige, was uns diese Wirklichkeit in ihrer Wahrheit enthüllt.«[124] Welche Wahrheit? Seine Abwesenheit, die der Raum ist; das Warten auf ihn, das die Zeit ist; seine Gegenwart, die Liebe und Rückzug ist. »Von seiten Gottes«, fährt Simone Weil fort, »ist die Schöpfung nicht ein Akt der Selbstausdehnung, sondern des Zurückweichens, des Verzichtes. Gott und alle Geschöpfe, das ist weniger als Gott allein.«[125] Die Schöpfung kann das zur Verfügung stehende Gute nicht mehren (wäre die Summe Gottes und der Welt größer als Gott, wäre er kein Wesen, »worüber hinaus nichts Größeres gedacht werden kann«[126]). Sie ist keine Addition, sondern eine Subtraktion, die das bewirkt, was Paul Valéry unabhängig von Simone Weil und vor ihr so treffend »die Minderung des Göttlichen«[127] nannte. Sobald Gott sich zurückzieht, erscheint etwas anderes als Gott, etwas, das weniger gut ist als Gott (»Welch ein Abstieg bereits im Ursprung«[128], stellt der Dichter fest): die Welt samt dem Bösen, samt uns: »Gott hat in diese Minderung eingewilligt. Er hat einen Teil des Seins seiner entleert. Schon in diesem Akt hat er sich seiner Gottheit entleert; darum sagt der Apostel Johannes, daß das Lamm erwürgt worden ist seit der Grundlegung der Welt. Gott

---

124 *Das Unglück und die Gottesliebe*, a.a.O., S. 145.
125 ebd.
126 Um eine Formulierung aus dem ontologischen Gottesbeweis des Anselm von Canterbury aufzugreifen (*Proslogion*, II).
127 Paul Valéry, »Ébauche d'un serpent«, *Charmes*, 1922, Pléiade, Bd. 1, S. 140. Vgl. dazu den sehr aufschlussreichen Kommentar von Gaston Kempfner, *La Philosophie mystique de Simone Weil*, La Colombe, 1960, Kap. II, »Amour et théodicée«.
128 P. Valéry, a.a.O., S. 139.

hat anderen Dingen, die nicht er sind und die unendlich geringeren Wertes als er sind, erlaubt, daß sie ein Dasein hätten.«[129] Warum? Aus Liebe, um der Liebe willen: »Gott hat nichts anderes erschaffen als die Liebe selbst und die Mittel der Liebe.«[130]

Um welcher Liebe willen? Gott fehlt es an nichts, weil er von unendlicher Vollkommenheit ist, auch kann er – aus dem gleichen Grund – weder ein Mehr an Dasein noch eine größere Vollkommenheit erreichen noch die unendliche Freude, die er ist, mehren. Diese Liebe, die sich zurücknimmt, ist also nicht Eros und nicht Philia, sondern Nächstenliebe. Sie gibt weder Platon noch Spinoza recht, sondern nur Gott oder Jesus Christus. Daher kann man zwar an ihrer Existenz zweifeln, keinesfalls aber, wie mir scheint, an ihrem Wert – zumindest als Idee oder als Ideal. Was ist Nächstenliebe? Das ist die Liebe, die Gott empfindet oder die er ist, wenn es ihn gibt, oder die er wäre, wenn es ihn gäbe. Also auch die Liebe, die er uns eingibt (die Gottesliebe, die Liebe zum Nächsten) oder die er erleuchtet.

Gott ist bereit, nicht alles zu sein: Er zieht sich zurück. Was bleibt? Die Abwesenheit Gottes, das heißt die Welt, das heißt das Böse (in dieser Hinsicht ist Simone Weil nicht sehr weit von den Gnostikern entfernt), aber noch als Zeichen seines Rückzugs. Ein wenig ist man an einen Strandspaziergang erinnert, bei Ebbe auf nassem Sand: Wenn man den Fuß zurückzieht, bleibt im Sand nur die Hohlform des abwesenden Fußes zurück, nur seine Spur, die von ihm zeugt

---

129 *Das Unglück und die Gottesliebe*, a. a. O., S. 145.
130 *Ibid.*, »Die Gottesliebe und das Unglück«, S. 118.

als einem, der nicht mehr vorhanden ist. Genauso ist die Welt die Hohlform, die von Gottes Abwesenheit zeugt, die Spur, die Gott uns bei seinem Rückzug lässt und schenkt. Gott hat sich zurückgezogen »aus Liebe, um der Liebe willen«, schreibt Simone Weil.[131] Aber das ist keine Liebe, die es nach dem Besitz dessen verlangt, was ihr fehlt, oder nach einem Mehr an Dasein oder nach ungehemmter Ausübung ihrer Macht; ganz im Gegenteil, diese Liebe verzichtet darauf, ihre Macht unkontrolliert auszuüben, sie ist bereit, weniger zu existieren, damit etwas anderes als sie selbst existieren kann. Nächstenliebe: *ho theos agape estin*.[132]

*Sanftmut oder Nächstenliebe
in der Paarbeziehung*

Das dritte und letzte Beispiel ist die Paarbeziehung, in der die Liebenden auch zur Nächstenliebe fähig sind. Insofern erhält Spinoza durch eine glückliche Paarbeziehung doch noch recht: Die Freude des einen nährt die Freude des anderen und umgekehrt, so dass beide Partner mehr existieren. Allerdings kann der andere gelegentlich so intensiv existieren, so sehr anwesend, so freudig, so mächtig sein, so sehr auf seine Weise lieben (so besitzergreifend und vereinnahmend: Eros; so raumgreifend und hochgemut: Philia), dass er in gewisser Weise übergriffig wird: Am Ende belegt er so viel Raum mit Beschlag, dass Ihnen nicht mehr genü-

---

131 ebd.
132 1. Johannes, 4, 8 und 16 (»Gott ist die Liebe«).

gend Raum bleibt, um frei, gelassen und friedlich existieren zu können. Das gilt in besonderem Maße, wenn Sie sich erschöpft, schwach oder traurig fühlen – wenn Sie weniger existieren. Sie weichen einen Schritt zurück, um etwas Luft zu haben, etwas Freiraum. Doch der andere liebt Sie frohgemut, machtvoll: Er folgt Ihnen. »Liebes, was hast du? Alles in Ordnung? Komm, lass uns ins Bett gehen, ins Kino, ins Restaurant, machen wir dies oder das, lass uns ...« Aus Liebe: frohgemut, machtvoll. Nur dass Ihnen zum Weinen zumute ist. Es sei denn, der andere begreift plötzlich, dass Sie sich tatsächlich in einem Zustand der Schwäche befinden, dass Sie ein bisschen weniger existieren, wie Spinoza sagen würde, dass Sie einen Schritt zurückgewichen sind, um ein wenig Luft und etwas Freiraum zu haben. Es sei denn, der andere weicht nun zwei Schritte zurück, um Ihnen (eben weil er spürt, dass Sie, zumindest in diesem Augenblick, der oder die Schwächere sind) mehr Raum zum Existieren zu lassen. »Liebes, ich geh spazieren, ich geh mit dem Hund Gassi, was einkaufen, mit den Kindern raus ...« Diesen Augenblick, in dem der andere in einer Paarbeziehung aus Liebe bereit ist, weniger zu existieren, würde Simone Weil als einen Augenblick der Nächstenliebe bezeichnen. Ich würde eher von einem Augenblick der Sanftmut sprechen, um das Wort »Nächstenliebe« im Bereich des Religiösen, des Geheimnisses oder der Ungewissheit zu belassen. Ein Augenblick des Entgegenkommens, der Freundlichkeit oder der Zurücknahme, der die freudige Macht der Liebe mäßigt, wenn sie manchmal allzu bestimmt, allzu raumfordernd und übergriffig wird. Vielleicht kann diese Zärtlichkeit die begehrende Liebe (Eros), die Macht und die Freude (Philia) mit einem Halo der Sanftmut oder der Nächstenliebe umgeben. Die Zärtlichkeit ist jene Liebe, die in der Paarbeziehung oder in der Familie darauf verzichtet, ihre Macht ungehemmt auszuleben. Sie ist wie Nächstenliebe ohne Gott, wie Nächstenliebe, der es mehr um die Nahestehenden als den Nächsten geht.

Die schönste Formulierung dafür hat im 20. Jahrhundert der deutsche Philosoph Adorno gefunden. In Bezug auf die Liebe ist das wohl der ergreifendste Satz, den ich kenne. In *Minima Moralia* schreibt Adorno: »Geliebt wirst du einzig, wo du schwach dich zeigen darfst, ohne Stärke zu provozieren.«[133] Nächstenliebe? Das ist die Bezeichnung, die die Christen dafür gefunden haben. Die Liebenden sprechen eher von Zärtlichkeit, Sanftmut, Verständnis, Freundlichkeit... Die Wörter sind unwichtig. Doch wie können wir glücklich werden in einer Zweierbeziehung ohne diese Sanftmut? Wir schützen die Verletztlichkeit des anderen – auch vor uns selbst.

Die Selbstliebe

Das ist die Nächstenliebe für einen Atheisten: jene Sanftmut, jenes Mitgefühl, wie die Orientalen vielleicht sagen würden, jener Rückzug, wie Simone Weil es formulieren würde – jene Empfindung also, die nicht nur die Gewalt des Begehrens und des Mangels (Eros) mäßigt, sondern

---

[133] *Minima Moralia, Reflexionen aus dem beschädigten Leben*, 122, Frankfurt, Suhrkamp, 1951, S. 365.

auch die Macht und Freude dort, wo sie zu stark, zu übergriffig, fast möchte ich sagen, zu expansionistisch werden können (Philia). Das ist das Gegenteil des Conatus oder vielmehr seine liebevolle und sanftmütige Selbstbeschränkung: Wir müssen bereit sein, ein bisschen weniger zu existieren, damit der andere ein bisschen mehr existieren kann.

So verstanden, bezieht sich der Begriff der Nächstenliebe nicht nur auf andere. Er betrifft auch die Frage der Selbstliebe. Ich erinnere mich an einen naiven Vorfall aus meiner Jugend. Ich war sechzehn oder siebzehn Jahre, ich war katholisch und las die *Gedanken* von Pascal, staunend, versteht sich, bewundernd, das ist das Mindeste, aber ich glaubte trotzdem seinen Schwachpunkt gefunden zu haben, und zwar in der berühmten Formulierung: »Das Ich ist hassenswert.«[134] Denn, sagte ich mir, wenn man sich selbst hassen muss, wird das Gebot des Evangeliums »Liebe deinen Nächsten wie dich selbst« ad absurdum geführt oder, besser, in sein Gegenteil verkehrt. Verabscheue ich mich selbst und liebe ich meinen Nächsten wie mich selbst, dann verabscheue ich ja auch meinen Nächsten. Ich glaubte, Pascal widerlegt zu haben… Natürlich war das eine Anmaßung. Einige Jahre später im Zuge einer stetig fortgesetzten Pascal-Lektüre begriff ich schließlich meinen Irrtum: Der Verfasser der *Gedanken* ist natürlich der Ansicht, dass wir uns selbst lieben müssen, aber nach Art der Nächstenliebe.[135] Das *Ich* bedeutet in der Sprache des 17. Jahrhunderts

---

134 *Gedanken*, 597–455.
135 Vgl. dazu meinen Artikel »L'amour selon Blaise Pascal«, in: *Le sexe ni la mort*, Albin Michel, 2012, S. 331–363.

und in diesem Zusammenhang Egoismus. Das ist die Instanz im Ich, die nur sich, das Ich, lieben kann. Heute sprechen wir dann gern vom *Ego*, und jedes Ego ist in der Tat egoistisch. Der Fehler liegt also nicht darin, sich selbst zu lieben, sondern darin, sich wie keinen anderen, das heißt mehr als alle anderen, zu lieben. Stattdessen müssten wir uns lieben wie den ersten Besten, das heißt wie einen Nächsten, und das wiederum heißt im Sinne der Nächstenliebe.

Auch hier hat Simone Weil meinem Verständnis auf die Sprünge geholfen. »Einen Fremden zu lieben wie sich selbst«, heißt es bei Simone Weil, »schließt als Gegenstück ein, daß man sich selbst wie einen Fremden liebt.«[136] Das ist das Gegenteil des Narzissmus. Wenn die Formel der Evangelien, »Liebe deinen Nächsten wie dich selbst« hieße: »Liebe deinen Nächsten (das heißt den Nächstbesten), wie du dich selbst liebst, mit derselben blinden, leidenschaftlichen, narzisstischen Liebe, die du nur für dich selbst empfindest«, wäre das völlig närrisch. Die Evangelien würden von uns etwas offenkundig Unmögliches verlangen. Wie soll ich den Nächstbesten lieben wie mich selbst, solange ich mich liebe wie sonst niemanden? Dann behielte der Humorist Desproges recht: »Jesus sagt uns: *Liebe deinen Nächsten wie dich selbst*. Ich persönlich würde ›mich selbst‹ vorziehen!« So geht es uns allen. Doch diese närrische Forderung verkehrt sich in große Weisheit – ich möchte sie die Weisheit der Evangelien nennen –, wenn wir sie wie folgt verstehen: Liebe dich, wie du bist, das heißt, wie den ersten Besten, und du wirst sehen, dass es möglich wird, den ers-

---

136 *Die Schwerkraft und die Gnade*, »Liebe«, S. 88.

ten Besten zu lieben wie dich selbst. Dort, wo Jesus etwas Irrwitziges von mir zu verlangen scheint (den anderen wie mich selbst zu lieben), verlangt er von mir in Wirklichkeit lediglich, mich so zu lieben, wie ich bin (wie den Nächstbesten), und daher den Nächstbesten so zu lieben wie mich – was so logisch wie banal ist.

Die befreundete Psychiaterin, von der oben bereits die Rede war, sagte eines Tages zu mir: »Die Menschen können sich gar nicht lieben; dazu sind sie viel zu narzisstisch!« Sie lieben sich leidenschaftlich; sie sind wie Narziss in dem Bild ihrer selbst gefangen, in ihrem kleinen, kostbaren Ich, verliebt in die Illusionen, die sie von sich hegen. Wie könnten sie sich wirklich lieben so wie sie sind, in ihrer Armseligkeit, ihrer Banalität, ihrer Mittelmäßigkeit? Wie könnten sie akzeptieren, wie der nächste Beste zu sein – was sie natürlich sind –, und sich dergestalt lieben? Es gibt eine Schrift von Freud mit dem Titel »Zur Einführung des Narzißmus«; ich würde gerne eine andere schreiben, die hieße: »Zum Ausweg aus dem Narzissmus«. Keineswegs um die Menschen anzuleiten, sich nicht mehr selbst zu lieben, sondern um sie zu lehren, sich selbst zu lieben, wie sie sind (wie der nächste Beste), in ihrer menschlichen Banalität, und so auch die anderen zu lieben, statt, wie Narziss, nur das eigene Bild zu lieben oder nur das, was sie zu sein glauben oder werden möchten. Allerdings brauche ich ein solches Buch nicht zu schreiben. Das gibt es schon. Sein Titel: Die Evangelien.

Begehrende Liebe oder schenkende Liebe?

Thomas von Aquin unterscheidet die verlangende oder begehrende Liebe *(amor concupiscentiae)* und die schenkende Liebe *(amor benevolentiae)* oder, wie er auch sagt, die Freundschaftsliebe.[137] Unter der begehrenden Liebe verstand man im 13. Jahrhundert nicht, wie heute vielfach angenommen, ausschließlich die Sexualität. Sie erinnert an Eros: Die Sexualität ist ein Aspekt der begehrenden Liebe, aber keineswegs der einzige. Wenn Thomas von Aquin von der »begehrenden Liebe« spricht, meint er, dass es mir um mein Wohl geht, wenn ich den anderen liebe. Sage ich: »Ich liebe das Hähnchen«, hat meine Liebe nicht das Wohl des Hähnchens im Auge: begehrende Liebe. Im Gegensatz dazu die »schenkende Liebe«, der das Wohl des anderen am Herzen liegt. Wenn ich sage: »Ich liebe meine Kinder«, dann ist mir nicht allein an meinem eigenen Wohl gelegen; zum Teil geht es auch um dieses (immer ist die begehrende Liebe ein wenig beteiligt), aber ich habe auch und vor allem das Wohl der Kinder im Blick: In diese begehrende Liebe mischt sich bei der Liebe, die wir für unsere Kinder empfinden, ein erheblicher Anteil schenkende Liebe. Ihr Wohlergehen liegt uns mehr am Herzen als das unsere, das von dem ihren abhängt. Das beruht nicht auf Gegenseitigkeit, und das ist gut so.

---

137 *Summa theologica*, Ia, IIae, »Des Passions«, 26, 4, Cerf, 1984, Bd. II, S. 194. Vgl. auch Étienne Gilson, *Le Thomisme*, Vrin, 1979, III, Kap. II, S. 338. Die Unterscheidung wurde später von Descartes wieder aufgenommen und erörtert [in der deutschen Descartes-Übersetzung heißt das Begriffspaar dann allerdings »begehrliche Liebe« und »wohlwollende Liebe«]: *Die Leidenschaften der Seele*, II, § 81, Hamburg, Meiner, 1996, S. 125.

Diese beiden Formen der Liebe – die begehrende und die schenkende – sind also nicht unvereinbar. Häufig sind sie beide in unserem Gefühlsleben zugegen, aber nicht unbedingt in gleichen Anteilen. In der Liebe zu unseren Kindern gewinnt die schenkende Form meist die Oberhand. In einer Liebesbeziehung sind fast immer beide Formen vorhanden, aber nichts beweist, dass die schenkende Liebe vorherrscht. Ich würde Ihnen gerne ein Gedankenexperiment vorschlagen. Wenn Sie wissen möchten, welche Form der Liebe in Ihrer Beziehung stärker vertreten ist – die begehrende oder die schenkende –, stellen Sie sich die folgende Frage: »Was ist mir lieber? Dass mein Partner mit mir unglücklich oder mit einem anderen glücklich ist?« Wenn es um unsere Kinder geht, zögern wir nicht einen Augenblick: Uns ist lieber, dass sie mit anderen glücklich als mit uns unglücklich sind. Doch in der Paarbeziehung ist die Situation nicht ganz so eindeutig. Stellen Sie sich vor, Sie treffen einen Ihrer Freunde, von dem Sie wissen, dass ihn seine Frau einige Monate zuvor verlassen hat. Er hat sich davon noch nicht erholt: Der Kummer drückt ihn nieder. Sie möchten ihn aufmuntern und sagen zu ihm: »Mach dir nicht so viel Gedanken. Vor drei Tagen habe ich deine Ex gesehen, es geht ihr prächtig. Offensichtlich ist sie sehr glücklich mit dem anderen, dem Neuen!« Weit entfernt davon, den Kummer Ihres Freundes zu lindern, tragen Sie eher dazu bei, ihn zu verschlimmern. Möglicherweise geht es ihm bei seiner Liebe zu seiner Exfrau teilweise um ihr Wohl (falls Eifersucht und Hass nicht alle anderen Gefühle verdrängt haben); sicherlich liebt er sie aber vor allen Dingen um des eigenen Wohls willen: die begehrende Liebe setzt sich gegen die schenkende durch.

Die uferlose Liebe

Fast immer, sagte ich, ist die Paarbeziehung von beiden Formen geprägt. Zum Teil macht das die Stärke und den Charme der glücklichen Zweierbeziehung aus – diese Hochzeit von Eros und Philia, von Begehren und Freude, von Leidenschaft und Aktivität, von Sex und Liebe. Im Gegensatz dazu ist die Nächstenliebe die von allem Begehren, allem Verlangen und damit auch allem Egoismus befreite Liebe – wenn nur noch die schenkende Liebe bleibt, die allein das Wohl des anderen im Auge hat und das eigene völlig außer Acht lässt. Die Nächstenliebe ist, wenn es sie denn gibt, eine vom Ego befreite Liebe: eine Liebe ohne Egoismus, ohne Besitzergreifung, eine unparteiische und uferlose Liebe. Daher strebt die Nächstenliebe ins Universelle, wenn auch in der Singularität der einzelnen Begegnung (das unterscheidet die Nächstenliebe von der Philanthropie, die Liebe zum Nächsten von der Liebe zur Menschheit). Der Nächste ist der Nächstbeste, aber nur insofern er eine Person ist. Die Menschheit ist lediglich eine Abstraktion. Auch der »Nächste« ist nur eine Abstraktion. Lieben soll ich – wenn ich dazu fähig bin – den Menschen, der da ist, der vor mir steht, egal, wie er ist, egal, was er macht, der aber in seiner Einzigartigkeit unersetzlich ist in dem, was er ist (nicht »der Nächste«, sondern dieser Nächste hier). Wenn uns das nicht gelingt, müssen wir zurückkommen auf meine Einleitung: Dann können wir ihm gegenüber nur so handeln, *als ob* wir ihn liebten (Moral), oder so tun, als handelten wir *als ob* (Recht, Höflichkeit). Warum? Aus Liebe, für die Liebe, wie Simone Weil sagt, aber auch, so füge ich hinzu, da die Liebe fehlt. Wir sind kaum in der Lage, unseren Nächsten zu lieben. Aber wir lieben die Liebe, und diese Liebe zeigt uns den Weg. Selbst wenn es Nächstenliebe nicht gibt, selbst wenn sie nur ein Ideal ist, gibt sie uns eine Richtung vor, die wir einschlagen können: indem wir uns selbst ein bisschen weniger lieben oder uns ein bisschen besser lieben, indem wir den anderen ein bisschen mehr um seines Wohls willen und damit vielleicht ein bisschen weniger um unseres Wohls willen lieben. Vielleicht, es sei noch einmal gesagt, ist es nur ein Ideal, das seine Strahlkraft nur durch Abwesenheit entfaltet. Aber es strahlt: Dieses Ideal erleuchtet uns, gibt die Richtung vor, die hinführt zu einer Liebe von immer großzügigerem, immer offenerem, immer weniger besitzergreifendem oder egoistischem Charakter. Da wir ganz unten beginnen, ist unsere potenzielle Steigerungsrate enorm. »Das einzige Maß der Liebe ist«, sagt Bernard de Clairvaux, »maßlos zu lieben.«[138] Letzten Endes überschreitet das unsere Möglichkeiten (die Endlichkeit ist unser Los); was aber kein Grund ist, es nicht doch zu versuchen.

---

138 *Traité de l'amour de Dieu,* chap. 1. Oft wird die Äußerung Augustinus zugeschrieben. Zu Unrecht: Sie geht auf seinen Freund und Schüler Severus zurück, »der mit glücklichen Fügungen Augustinus' Denken zum Ausdruck bringt: Epist. 109, 2, t. 33, col. 419« (Ét. Gilson, *Introduction à l'étude de saint Augustin,* Vrin, 1982, S. 180).

Schluss

Bevor ich zum Schluss komme, möchte ich das Ganze relativieren. Um der Klarheit und der Kürze willen habe ich die Unterschiede zwischen den drei Formen der Liebe – Eros, Philia, Agape – sehr stark betont, wenn nicht gar übertrieben. Wie mehrfach erwähnt, entwickeln sich unsere Liebesgeschichten fast immer zwischen diesen verschiedenen Polen (obwohl einer von den dreien rein imaginär ist) und verdanken ihre Kraft oder Schwäche allen dreien – wenn auch in ungleichem Maße. Es wäre ein Fehler, die drei Formen der Liebe vollkommen voneinander abzugrenzen, drei einander fremde Welten aus ihnen zu machen oder drei separate Kategorien. Nein, sie sind eher drei Pole in ein und demselben Kraftfeld, dem der Liebe, oder drei Impulse in ein und demselben Prozess, dem des Lebens.

Nehmen oder geben

Am besten geeignet, diese verschiedenen Formen in ihrer Komplementarität, Unauflöslichkeit, Verflochtenheit zu illustrieren und uns vor Augen zu führen, dass wir ständig von der einen zur anderen Form wechseln, ist das archetypische Bild der Liebe und des Menschseins, und nicht zufällig ist es das Bild einer Frau. Ich meine das Bild von Mutter und Kind: die Mutter, die ihr Kind nährt, wobei es keine Rolle spielt, ob sie ihm die Brust oder eine Flasche gibt. Schaut die Mutter an, sagt Alain, schaut das Kind an.[139]

Schauen wir zunächst das Kind an. Es nimmt die Brust oder die Flasche. Das ist Eros: die Liebe, die nimmt, die besitzen und behalten will. Sie entziehen ihm die Brust: Das Kind beginnt zu weinen und zu schreien. Sie reichen ihm wieder die Brust: Es ist zufrieden. Eros: die begehrende Liebe. Denn natürlich nimmt das Kind die Brust nicht, weil es ihm um das Wohl der Mutter geht oder weil es die Mutter so sehr liebt, wie uns die Kitschromane glauben machen möchten. Außerdem weiß es kurz nach der Geburt noch nicht einmal, dass es eine Mutter hat oder was eine Mutter ist. Es nimmt die Brust, weil es Hunger hat, weil es friert, weil es sich fürchtet. Es nimmt die Brust nicht um des Wohls der Mutter willen, sondern um des eigenen Wohls willen. Egoismus? Die Frage stellt sich nicht (das Ich hat sich noch nicht gebildet). Aber die begehrende Liebe in reinster Form: der Lebenstrieb (der Conatus, die Libido) im Rohzustand. Am Anfang gibt es, wie Freud sagt, nur das Es.

Schauen wir nun die Mutter an. Sie gibt die Brust oder die Flasche: Das ist nicht mehr die Liebe, die nimmt (Eros), sondern die Liebe, die gibt, die Freude empfindet und die teilt (Philia). Die Mutter hat nicht das eigene Wohl im Blick, wenn sie die Brust gibt (obwohl es auch ihrem eige-

---

139 Alain, *Les Dieux*, IV, 10, Pléiade, *Les Arts et les dieux*, S. 1352.

nen Wohl dient), sondern vor allem das Wohl dieses kleinen Geschöpfs, das so zart, verletzlich und hilflos ist, dass ihm gegenüber jede Demonstration der Macht absurd wäre, das Wohl dieses kleinen Menschenjungen, das keine andere Waffe als seine Schwäche hat, keinen anderen Schutz als die Liebe, die es einflößt und hervorruft, dieses Neugeborenen, das der Mutter sein Leben verdankt und ihr trotzdem nicht *verpflichtet* ist (denn die Pflichten beginnen erst später: mit dem, was Freud das Über-Ich nennt, der Verinnerlichung der elterlichen Verbote) und für das sie, ohne zu zögern, ihr eigenes Leben opfern würde. Das Kind besitzt nichts. Was könnten wir ihm nehmen? Wir können ihm nur geben und immer wieder geben. Wir können es nur schützen, wiegen, liebkosen, waschen, wärmen, nähren… Wir können uns nur sorgen und freuen.

Versuchen wir zumindest in Gedanken diese Liebe zu verallgemeinern. Wenn wir für den Nächsten, das heißt für den Nächstbesten, diese Art von bedingungsloser Liebe empfänden, die die Mutter für ihr Kind hat, hätten wir eine Vorstellung von dem, was Nächstenliebe heißt, von dem, was sie sein könnte oder sollte. Gott wird Vater genannt, das ist kein Zufall, und »er hat die Mütter erfunden«, heißt es in einem alten jüdischen Scherz, »weil er nicht überall zugleich sein konnte«. Doch die Mutter ist nicht Gott: Ihre Liebe ist beileibe nicht universell. Diese Liebe ist unbedingt und doch bedingt, weil konditioniert (sie liebt das Kind, weil es das ihre ist) – wobei allerdings die Adoption und Aussetzung von Kindern auf höchst gegensätzliche Art belegen, dass sich diese Konditionierung nicht auf einen wie auch immer gearteten genetischen Determinismus reduzieren lässt.[140] Damit haben wir eine Definition dessen, was die Nächstenliebe sein könnte, wenn wir dazu fähig wären: eine bedingungslose und nicht bedingte – nicht konditionierte – Liebe.

Was mich an dieser Geschichte, diesem Bild von Mutter und Kind, am meisten interessiert, ist die Tatsache, dass die Mutter selbst einmal ein Kind, ein Baby war. Sie war, wie alle Menschen, am Anfang ihres Lebens mit Nehmen beschäftigt. Zu Beginn gibt es nur die begehrende Liebe: Wir beginnen alle mit Eros. Im Grunde ist es das, was wir in Anlehnung an Freud den Primat der Sexualität nennen können. Die Mutter war einst ein Neugeborenes, sie hat mit Nehmen begonnen und dann nach und nach zu geben gelernt. Gewissermaßen hat sie den Übergang von Eros zu Philia vollzogen. Es sei noch einmal betont: Das sind nicht zwei hermetisch gegeneinander abgeschottete Welten, keine klar separaten Kategorien, sondern zwei Pole oder zwei Impulse unseres Gefühlslebens – beide gleich legitim und notwendig. Es geht darum, dass wir aufsteigen von der einfachsten Form der Liebe, die zugleich die wichtigste, fundamentalste, mächtigste Form ist (Eros: Primat der Sexualität), zur höheren und höchsten Form der Liebe, die auch die zerbrechlichste und ungewisseste ist: der Freude zu geben, zunächst den Nahestehenden (Philia), dann dem Nächsten (Agape). Primat der Sexualität: Wir beginnen alle mit Nehmen. Primat der Liebe: Wir müssen lernen zu geben.

140 Es ist offensichtlich, dass die Mutterliebe durch die Kultur genauso konditioniert wird wie durch die Natur oder sogar stärker, aber deswegen ist sie nicht weniger real (es macht sie höchstens noch kostbarer).

»Das Kind kann nur nehmen«, sagt Swami Prajnanpad, »der Erwachsene ist derjenige, der gibt.«[141] Mir gefällt diese Formulierung sehr, weil sie uns – zumindest vage – ein Urteil darüber gestattet, wie groß der infantile und kindische Anteil und wie groß der reife Anteil in uns ist. Infantil ist der Anteil, der nur nehmen oder empfangen, Besitz ergreifen oder behalten kann. Der erwachsene, der reife Anteil ist fähig zu geben. Immer gibt es die beiden nebeneinander; aber auch dort beginnen wir so weit unten, dass es möglich sein muss, zumindest ein wenig aufzusteigen. Es bleibt immer ein gutes Stück Kind in uns; ein Grund mehr, um zu versuchen, erwachsen zu werden! Dabei kann uns die Paarbeziehung helfen. Das ist ihre Größe, ihre Noblesse, ihre Schwierigkeit. Wer gern ausschweifend lebt, will nicht erwachsen werden. Armer Don Juan, der nur die Frauen begehren kann, die ihm fehlen! Gefangener des Eros: Gefangener seiner selbst und – absurderweise – aller Frauen, die er nicht besitzt und nie besitzen wird. Denn wer kann schon jemand anders besitzen? Außerdem begnügt er sich damit, die Frauen zu nehmen und fallenzulassen. So verschafft er sich die leichteste Art der Befriedigung. Die Paarbeziehung ist schwieriger, anspruchsvoller und oft auch vielfältiger. Sie lehrt uns das, wozu sie uns verpflichtet: erwachsen zu werden, zu geben, zu teilen.

141 Zu Swami Prajnanpad, einem indischen Weisen aus dem 20. Jahrhundert, vgl. mein Buch *De l'autre côté du désespoir*, *Introduction à la pensée de Svâmi Prajnânpad*, Jean-Louis Accarias, 1997 (S. 63, Anm. 129, zu dem Abschnitt, den ich hier zusammenfasse).

Universalität der Liebe?

Häufig werde ich gefragt: »Ist diese Liebe, von der Sie sprechen, ein universelles Phänomen, oder ist sie eine Besonderheit unseres Kulturkreises oder unserer historischen Situation? Denn Ihre Ausführungen – mögen Sie auch Atheist sein – sind eindeutig jüdisch-christlich geprägt.« Na und? Auch Kultur ist Wirklichkeit. Warum sollte ich mich nicht davon leiten lassen? Wie anders können wir Zugang zum Universellen finden als über die offene Besonderheit einer geschichtlichen Situation oder eines bestimmten Kulturkreises? Sollen wir Mozart nicht mehr erwähnen, weil seine Musik typisch europäisch ist? Millionen Musikliebhaber in der ganzen Welt beweisen, dass dieser unbestritten europäische Charakter seine mögliche Universalität nicht im Mindesten beeinträchtigt, so wenig, wie der unbestritten asiatische Charakter von Lao Tse oder Hokusai einen Abendländer daran hindern könnte, sie zu mögen, zu bewundern oder sich zum Vorbild zu nehmen (Marcel Conche, für den »philosophieren« heißt, griechisch zu werden, bekennt dennoch, dass Lao Tse von allen Weisen derjenige sei, dem er sich »am nächsten fühle«[142]). Die Menschheit ist eine Einheit mit einer Vielzahl

---

142 Marcel Conche, »Le naturalisme philosophique«, in: Yvon Quiniou (Hg.), *Avec Marcel Conche*, Le Revêts-les-Eaux, Les Cahiers de l'Égaré, 2011, S. 169. Die gleiche Feststellung in einem Brief an Roland Jaccard vom 10. Dezember 2010, a.a.O., S. 160. Zu der Formulierung »griechisch zu werden« vgl. beispielsweise *Analyse de l'amour et autres sujets*, PUF, 1997, Kap. VI (»Devenir grec«), ebenso *Quelle philosophie pour demain?*, PUF, 2003, Kap. IV (»La raison philosophique vers son avenir grec«). Was seine Beziehung zu Lao Tse betrifft, vgl. Marcel Conches kommentierte Übersetzung des *Tao-Te-King*, PUF, 2003.

unterschiedlicher Kulturen; aber Zugang zur Universalität jener können wir nur durch die offenen (weil zugleich mitteil- und verallgemeinerbaren) Besonderheiten dieser finden.

Zur Liebe fällt mir ein Vorfall ein, den ich vor einigen Jahren erlebt habe, als ich noch an der Sorbonne lehrte. Eines Morgens, mitten im Jahr, erschien in einem meiner Kurse ein asiatischer Student, der mir umso mehr auffiel, als er erwachsen war (er mochte 35 gewesen sein, also viel älter als die Mehrzahl meiner Studenten). Nach einigen Wochen gewissenhafter Anwesenheit bat er mich am Ende einer Lehrveranstaltung um eine Unterredung. An der Place de la Sorbonne tranken wir ein Glas zusammen; er sagte mir, er sei Chinese und Ethnologe. (Einige Monate später veröffentlichte er eine faszinierende Dissertation – auch die war Gegenstand unseres Gesprächs – über die Na, einen chinesischen Volksstamm, der insofern sehr eigenartig war, als er keine Ehe kannte.[143]) Dann fügte er hinzu: »Ich lese gerade Ihr Buch *Ermutigung zum unzeitgemäßen Leben*. Ist es schon auf Chinesisch übersetzt?« Ich antwortete, der Vertrag sei abgeschlossen, aber meines Wissens sei es in China noch nicht erschienen. »Ich bin gespannt auf die Übersetzung«, meinte er, »vor allem auf Ihr Kapitel über die Liebe! Ich kann mir gut vorstellen, wie man Eros ins Chinesische übersetzt, das ist kein Problem; auch die Übersetzung von Philia dürfte keine Schwierigkeiten machen; aber ich frage mich wirklich, wie Agape zu übersetzen ist. Chinesisch ist meine Muttersprache, ich kenne kein einziges chinesisches

---

143 Diese Dissertation ist auf Französisch erschienen: Hua Cai, *Une société sans père ni mari: les Na de Chine*, PUF, coll. »Ethnologies«, 1998.

Wort, das Ihrer ›Nächstenliebe‹ entspricht!« Dummerweise fiel mir die naheliegende Erwiderung nicht ein. »Es gibt einige Millionen Christen in China«, hätte ich ihm sagen müssen, »fragen Sie die doch, wie sie ›Agape‹ in der chinesischen Übersetzung des Neuen Testaments wiedergegeben haben.« Inzwischen ist meine *Ermutigung* in China erschienen. Wie Sie sich denken können, lese ich kein Chinesisch, und ich weiß noch immer nicht, wie »Agape« ins Chinesische übersetzt wird. Aber eines hat mir diese Anekdote doch gezeigt: Eros und Philia gehören offenbar zu den Universalien der Menschheit, wenn sie auch je nach Land und Epoche gewissen kulturellen Veränderungen unterworfen sein mögen. Mangel, Leidenschaft, Freundschaft, Paarbeziehung können ungeachtet unterschiedlicher Bezeichnungen und unterschiedlicher historischer Entwicklungen von keiner Kultur als ihre exklusive Besonderheit beansprucht werden. Was hingegen die Nächstenliebe angeht, so scheint es sich hier in der Tat um eine kulturelle, soll heißen jüdisch-christliche, Besonderheit zu handeln. Das schränkt ihre Reichweite ein, aber ohne ihrer Wirkung Abbruch zu tun. Ein Wert büßt seine Geltung nicht ein, weil er kulturell und relativ ist (das sind sie alle). Im Übrigen finden wir in anderen Kulturen Werte, die der Nächstenliebe verwandt sind oder sich mit ihr überschneiden. Beispielsweise spricht man im buddhistischen Teil der Welt von Mitgefühl statt von Nächstenliebe. Im Einflussbereich des Konfuzianismus ist von *Ren* die Rede, was wir gewöhnlich mit »Menschlichkeit« übersetzen. Ich nehme an, dass man in allen Hochkulturen etwas Ähnliches predigt, egal, wie man es nennt (Nächstenliebe, Mitgefühl, Sanftmut, Güte, Wohlwollen,

Menschlichkeit ...), das einschränkt, was sonst am Mangel oder der Macht, der Leidenschaft oder selbst der Freude an der Liebe zu heftig, zu affirmativ, zu ichbezogen oder »ich-lich«, zu übergriffig oder raumfordernd sein könnte. Die Macht genügt nie. Die Freude selten. Daher ist die Sanftmut unter allen Umständen notwendig. Nächstenliebe ist einer der Namen, die man ihr gibt. »Selig sind die Sanftmütigen; denn sie werden das Erdreich besitzen ...«[144] Aber nur in dem Maße, in dem sie fähig sind zu geben.

Gott und die Liebe

Ist diese Liebe Gott? Wenn Johannes in seinem ersten Brief schreibt »Gott ist Liebe«, verwendet er natürlich weder »Eros« noch »Philia«. Der griechische Text lautet: *ho theos agape estin.*[145] Gott ist Liebe, gewiss, aber Nächstenliebe. Ist dann der Umkehrschluss erlaubt: Liebe ist Gott? Ja, vielleicht, wenn die Liebe allmächtig und unsterblich ist. »Denn Liebe ist stark wie der Tod« heißt es im Hohelied, sogar noch stärker als er, wie die Auferstehung vermuten lässt. Aber ist das auch wirklich der Fall? »Sie sagen, Sie seien Atheist«, wird mir häufig von Christen entgegenge-halten. »Aber Sie glauben an die Liebe, ich glaube an einen Gott der Liebe: Wir glauben an dasselbe; Sie sind gar kein richtiger Atheist!« Doch, das bin ich. Nicht nur, weil ich nicht an die Liebe glaube, als wäre sie etwas Absolutes und

144 Matthäus, 5, 4.
145 1. Johannes, 4, 8 und 16

Ewiges (ich kenne nur Formen der Liebe, die relativ, historisch, konditioniert sind), sondern auch, weil ich keinesfalls an ihre Unsterblichkeit oder ihre Allmacht glaube. Daher bin ich Atheist. Dass Gott, wenn es ihn gibt, die Liebe ist (was ich sofort einräumen würde), reicht nicht aus, um zu beweisen, dass die Liebe Gott ist (was ich keineswegs glaube). Die Liebe würde nämlich nur dann einen glaubhaften Gott abgeben, wenn sie allmächtig, wenn sie unsterblich oder stärker als der Tod wäre. Das ist der Prüfstein. Wenn Sie glauben, dass die Liebe unsterblich und allmächtig ist, wenn Sie glauben, dass sie stärker als der Tod ist, dann nennen Sie sie doch Gott, das wäre einfacher: Dann gehörten Sie zu denen, die glauben, woraus ich Ihnen keinen Vorwurf mache. Wenn Sie jedoch wie ich glauben, dass die Liebe nicht allmächtig ist, dass es Liebe nur nach menschlicher Art gibt, das heißt schwach, anfällig, begrenzt, wenn Sie glauben, dass die Liebe nicht stärker als der Tod ist, sondern leider schwächer, dann ist die Liebe nicht Gott, und Sie gehören zu den Atheisten oder Agnostikern. Ich für meinen Teil wäre froh, wenn es Gott gäbe (wem wäre es nicht lieber, wenn die Liebe stärker als der Tod wäre?). Das ist einer der Gründe, warum ich nicht gläubig bin: Ein solcher Wunsch ist allzu verständlich und daher verdächtig, Illusionen Vorschub zu leisten. Im Grunde genommen macht das den Atheisten aus: festzustellen, dass der Tod stärker als die Liebe ist, ohne Argumente zu erfinden, um diese Feststellung zu unterlaufen. Was nicht heißt, dass wir nicht fähig wären, die Toten zu lieben – was die Trauererfahrung zur Genüge zeigt –, doch das berechtigt uns keineswegs zu der Annahme, dass die Toten ihrerseits in der Lage wären, uns zu lieben, oder dass die Liebe jemals den Tod eines Menschen verhindert hätte. Die Eltern, die am Bett ihres sterbenden Kindes gesessen haben, wissen, wovon ich rede: Vergebens haben sie das Kind über alle Maßen geliebt, sie konnten es damit nicht retten.

Das beeinträchtigt die Liebe nicht wesentlich, will mir scheinen. Ist der Umstand, dass unsere Kinder sterben müssen, ein Grund, sie nicht zu lieben? Dass das Leben immer tödlich ist, ein Grund, nicht zu leben? Dass alle Liebe schwach, anfällig und vorläufig ist, ein Grund, nicht zu lieben? Natürlich nicht. Das ist für mich die Lehre des Kalvarienbergs: Die Liebe ist, selbst besiegt, mehr wert als ein Sieg ohne Liebe.

Daher ist die Liebe meiner Ansicht nach nicht Gott. Doch dass sie in den meisten Kulturen vergöttlicht wird und in der unseren sogar zum einzigen Gott erhoben wurde, bringt etwas Wichtiges zum Ausdruck: dass die Liebe nämlich im Menschen offensichtlich dasjenige ist, was Gott am meisten ähnelt, was den Gläubigen vielleicht die Vorstellung von ihm eingegeben hat und bei uns Atheisten für einen Gottesersatz sorgt.

Das ist das Gegenteil eines Pantheismus. Wie könnte die Natur Gott sein, da sie doch nichts und niemanden liebt?

Das ist das Gegenteil einer Religion. Die Liebe ist weder allmächtig noch unsterblich, noch absolut (es gibt nur Formen der Liebe, die schwach, sterblich und relativ sind). Wie könnte sie Gott sein?

Schließlich lässt sie sich auch nicht auf einen wie auch immer gearteten theoretischen Humanismus reduzieren. Es geht nicht darum, »an den Menschen zu glauben«, wie es manchmal heißt, oder »an die Liebe zu glauben« (wozu, da ihre Existenz doch erwiesen ist? Und wie, wo das doch für ihre unvollständigen Formen nicht weniger gilt?). Es geht darum, die Liebe zu lieben, was nur ein erster Schritt ist (*amare amabam, nondum amabam*[146], heißt es so elegant bei Augustinus), dann darum, ernsthaft zu lieben: zu genießen (Eros), sich zu erfreuen (Philia) und sich zu befreien (Agape). Es geht schlicht und ergreifend darum, zu lieben und frei zu sein.

Woher kommt die Liebe?

Eine andere Frage, die man mir häufig stellt: »Wenn die Liebe nicht von Gott kommt, woher kommt sie dann?« Meine Antwort: Sie kommt von der Sexualität und von den Frauen.

Sie stammt aus der Sexualität (Freud: Alle Liebe ist sexuell), lässt sich aber nicht auf diese reduzieren. Freud spricht in diesem Zusammenhang von *Sublimierung* – wobei es nicht um die Empfindung des Sublimen, das heißt Erhabenen, geht, wie oft angenommen wird, sondern um das Erhabenwerden des Empfindens. Durch welches Wunder? Kein Wunder, sondern Zwang: Weil das Verlangen vom Verbot, vor allem vom Inzesttabu, unterdrückt wird, *sublimiert* es sich nach Freud zur Liebe. Wäre dieser Sexualtrieb nicht in allen von uns, würden wir nicht das Begehren spüren, könnte es keine Liebe geben.

---

146 »Ich liebte noch nicht, aber ich liebte zu lieben«, *Bekenntnisse,* Deutsch-Latein, üb. Dieter Hattrup, Braunschweig, Schöning, 2004.

Aber es gäbe sie auch nicht oder in weit geringerem Maße oder weniger verfeinert, wäre die Sexualität nicht von Tabus begleitet oder eingeschränkt. Die Menschen, die ich am meisten liebe (meine Kinder) oder als erste liebe (meine Eltern), sind ausgerechnet jene, die sexuell tabu für mich sind. Wer kann darin einen bloßen Zufall sehen? Hier führt die Ethnologie den Gedanken der Psychoanalyse weiter: Wenn das Inzesttabu die beiden im Grunde gegensätzlichen Prinzipien in sich vereinigt, das der Natur (die Universalität) und das der Kultur (die Besonderheit einer Regel), so sorgt es, wie Lévi-Strauss erläutert, für den Übergang von einem zum anderen.[147] Das ist der Punkt, an dem die Kultur beginnt, und zwar in jeder Generation von neuem: auch der Punkt, wo in der Familie Liebe und Gesetz aneinanderstoßen und sich gegenseitig begrenzen.

Die Liebe entsteht aus der Sexualität, also auch aus der Familie und dem Gesetz. Außerdem kommt sie von den Frauen, wie ich halb im Scherz zu Anfang meiner Ausführungen gesagt habe. Die Liebe kommt von den Frauen: zuallererst von den Müttern, lange bevor die Liebenden in Erscheinung treten. Das legt zumindest die Beobachtung der Säugetiere nahe (deren Bezeichnung nebenbei bemerkt auf die Mutterschaft verweist), insbesondere der Menschenaffen. Die Menschheit geht nur viel weiter in diese Rich-

147 Claude Lévi-Strauss, *Die elementaren Strukturen der Verwandtschaft,* Frankfurt a.M., Suhrkamp 1993; vgl. vor allem die Kapitel 1 und 29. Dazu Jacques Lacan: »Entscheidend ist also das Gesetz, das bei den Heiratsregeln die Herrschaft der Kultur [deren ›subjektiver Angelpunkt‹ das Inzesttabu ist] über die der Natur stellt, die dem Paarungsgesetz verpflichtet ist« (*Écrits,* Seuil, 1966, »Fonction et champ de la parole et du langage en psychanalyse«, S. 277).

tung. Das erkennt man daran, dass die Hilflosigkeit unserer Jungen größer ist und länger dauert. Das erkennt man daran, dass unser Gehirn umfangreicher und leistungsfähiger ist. Das erkennt man daran, dass wir die Sprache, die Kultur, die Geschichte – den Geist – entwickelt haben.

Warum lieben wir die Liebe? Weil wir, als wir klein waren, in sie hineingefallen sind wie Obelix in den Zaubertrank. Wir haben die Liebe mit der Muttermilch aufgesogen. Fast alle. Fast immer. Gerade genug, um zwei Dinge zu verstehen: Erstens, die Liebe ist der höchste Wert, denn *sans amour, on n'est rien du tout* – »ohne Liebe bist du gar nichts« –, wie es in dem Chanson von Edith Piaf heißt. Zweitens, diese Liebe wird fortan immer einen Mangel, eine schmerzliche Lücke hinterlassen. Freud lehrt uns oder ruft uns ins Gedächtnis, dass ausgerechnet die stärkste Liebe, die uns zuteil wurde – diejenige, in der wir geliebt wurden wie später nie mehr, diejenige, durch die wir gelernt haben zu lieben –, dass diese Liebe endgültig hinter uns liegt, dass wir ihr nur treu bleiben können, indem wir unsererseits zu lieben lernen. Das ist wie Trauerarbeit, wenn Sie so wollen, aber von befreiender Art, wie eine Entwöhnung, die uns für die Welt öffnet. Die Gnade, geliebt zu werden, geht der Gnade zu lieben voraus und macht sie erst möglich.

Die Gnade zu lieben

Was ist eine Gnade? Eine unverdiente und unentgeltliche Gabe. Genau das wurde uns zuteil. Weil unsere Eltern uns das Leben geschenkt haben? Wohl kaum, da wir noch nicht vorhanden waren, als wir gezeugt wurden, und da unsere Eltern aller Wahrscheinlichkeit nach dabei an ganz etwas anderes dachten.

Sondern weil sie uns die Liebe gaben: Eine Frau und ein Mann, die uns nicht kannten, die wir nicht kannten, haben uns als Erste geliebt. Die Verhaltensforschung (vor allem die Beobachtung der Menschenaffen) lässt darauf schließen, dass diese Elternliebe, bevor sich die Kultur ihrer bemächtigt und sie verwandelt, sehr stark sexuell geprägt und damit asymmetrisch ist und dass die Weibchen mehr und notwendiger an ihr beteiligt sind als die Männchen.[148] Die wachsende Zahl Alleinerziehender in unseren modernen Gesellschaften entkräftet diese Aussage nicht im Mindesten: Die Kinder leben weit häufiger bei der Mutter als bei dem Vater. Was nicht bedeutet, dass die Väter unfähig zur Liebe wären (wir wissen aus eigener Erfahrung, dass das nicht stimmt), noch, dass sie weniger liebten (was nicht immer stimmt), sondern eher darauf schließen lässt, dass ihre Liebe vielleicht weniger notwendig oder wichtig ist. Als Kind keine Mutter zu haben wird allgemein als Unglück angesehen. Keinen Vater zu haben wird von manch einem (schauen Sie,

148 Zumindest bei den Landtieren (anders ist es bei »den Fischen und anderen Wassertieren«): vgl Richard Dawkins, *Das egoistische Gen*, Reinbek, Rowohlt, 1996, Kapitel 9 (»Der Krieg der Geschlechter«), S. 231–269. Zu den Menschenaffen und den Menschen sei dem Leser empfohlen: B. L. Deputte und J. Vauclair, »Le long apprentissage de la vie sociale; ontogenèse comportementale et sociale chez l'homme et les singes«, in: Y. Coppens und P. Picq (Hg.), *Aux origines de l'humanité*, Bd. 2, Le Propre de l'homme, Paris, Fayard, 2003 (vgl. insbesondere die Seiten 258–265, »L'attachement mère-jeune«); sowie: Jared Diamond, *Warum macht Sex Spaß*, München, Bertelsmann, 1998, Kap. 4 und 5.

163

was Sartre in *Die Wörter* dazu sagt) als Glück oder Chance erlebt. Im Übrigen kennt man auch einige Gesellschaften »ohne Väter und Ehemänner«[149], also auch ohne Ehefrauen, aber keine Gesellschaft ohne Mütter. Hier erwarten wir Aufklärung von den Humanwissenschaften. Fest steht jedenfalls, dass unsere Mütter uns fast immer schon geliebt haben, bevor wir sie liebten (wobei es kaum eine Rolle spielt, ob es sich um biologische oder Adoptivmütter handelt; Mütter sind sie nicht durch das Blut, sondern durch die Liebe). Oft haben sie uns schon vor unserer Geburt, sobald sie uns in ihrem Leib wussten, ihre Liebe geschenkt, bedingungslos und unverdient. Nicht weil wir schöner oder intelligenter oder freundlicher waren als andere Kinder. Sie wussten nichts von uns, nichts von dem, was wir waren oder werden würden, sondern nur, dass wir ihre Kinder waren. Also eine bedingte, weil konditionierte, und doch bedingungslose Liebe. Was gibt es Stärkeres? Schöneres? Ergreifenderes? Und wäre relativer, einzigartiger, rückhaltloser? Jede Mutter rührt mich, wenn sie ihr Kind liebt (und das tun sie fast alle, selbst wenn sie unzulänglich sind), mehr als alle Heiligen.

Wenn die Liebe nicht von Gott kommt, woher kommt sie dann? Sie kommt von der Sexualität und der Familie. Am häufigsten kommt sie von den Müttern. Die meine war, obwohl sie, wie alle Mütter, unvollkommen, unzulänglich und übertrieben besorgt war, so liebevoll, dass ich mir, um die Liebe zu erklären, nichts anderes – wie etwa Gott – vor-

---

149 Vgl. das faszinierende Buch von Hua Cai, *Une société sans père ni mari: les Na de Chine*, a. a. O.

164

stellen muss. In der Rückschau denke ich, dass selbst ihre Schwächen mich mehr über Liebe und Menschlichkeit gelehrt haben als irgendeine wie auch immer beschaffene Allmacht, die unwahrscheinlich und nutzlos ist. Welche Liebe kommt ohne Trugbilder, Irrtümer, Ängste, Ambivalenz, Leiden aus? Diese Liebe wäre Gott, aber kein Gott kann eine Mutter ersetzen.

Das reicht weit über meine unbedeutende Person hinaus. Unlängst traf ich einen unserer *Ärzte ohne Grenzen*, der überall in der Welt herumgekommen war, um sich unmittelbar und aus allergrößter Nähe – das ist der Auftrag dieser Ärzte – dem Leiden, der Not und gelegentlich auch dem Schrecken zu stellen. Ich fragte ihn, was ihn, in den zehn Jahren seiner Tätigkeit, am meisten beeindruckt habe. Er erwiderte: »Die Mütter! Sie sind zwar sehr unterschiedlich, aber fast immer sind sie es, die uns am tiefsten bewegen, am stärksten beeindrucken und am meisten Bewunderung abnötigen!« Genau das empfinde ich auch, wenn ich im Fernsehen entsprechende Szenen sehe. Sie werden einwenden, dass ich die Mütter vergöttliche. Ganz im Gegenteil. Ihre unvollkommene Menschlichkeit (das heißt ihre Menschlichkeit) kann keinen Gott ersetzen. Nach meiner Ansicht ersparen sie uns, an all die Götter zu glauben – an all die »erhöhten Väter«[150], wie Freud sagen würde –, die die Menschheit erfand.

Jedem sein eigener Weg: Jedem seine Kindheit, seine Art, sie fortzusetzen, vielleicht auch, sich über sie hinwegzu-

---

150 »Eine Kindheitserinnerung des Leonardo da Vinci«, *Gesammelte Werke*, Bd. 8, London, Imago, 1955, S. 195.

trösten, nur so können wir uns treu bleiben. Die Gnade geliebt zu werden, sagte ich, geht der Gnade zu lieben voraus und ermöglicht sie. Das heißt auch, dass die Gnade zu lieben die wichtigere ist. Ist das eine Gabe? Ja, in gewisser Weise, da niemand darüber entscheidet. Der Dank gebührt all jenen, die wir lieben: dafür, dass sie existieren und uns helfen zu existieren! Er gebührt aber auch all jenen, die uns je geliebt haben. Liebe und Dankbarkeit gehören zusammen. Das schönste Geschenk, das uns unsere Eltern gemacht haben, ist nicht, dass sie uns geliebt haben, sondern dass sie uns dadurch gelehrt haben zu lieben, so gut es eben geht. Das ist schwierig? Ein Grund mehr, danach zu streben. »Alles Lebendige hält sich daran«[151], sagt Rilke, und niemand kann es uns abnehmen. Die Liebe ist eine Gabe, wenn Sie so wollen, aber kein Geschenk; kein Gebender schafft es, dieser Aufgabe voll und ganz gerecht zu werden. Das ist die Dimension der Einsamkeit: »Es ist aber klar, daß wir uns an das Schwere halten müssen; alles Lebendige hält sich daran ... es ist gut, einsam zu sein, denn Einsamkeit ist schwer ... Auch zu lieben ist gut: denn Liebe ist schwer.«[152]

Wäre es leichter, nichts und niemanden zu lieben? Vielleicht. Aber dann wären wir so gut wie tot. Würden wir nicht auch die Schwierigkeiten lieben, wie könnten wir dann das Leben lieben?

151 *Briefe an einen jungen Dichter*, a. a. O., S. 48.
152 Ebd.

*Bitte beachten Sie
auch die folgenden Seiten*

André Comte-Sponville
im Diogenes Verlag

Woran glaubt ein Atheist?
Spiritualität ohne Gott
Aus dem Französischen
von Brigitte Große

Spiritualität ist zu wichtig, um sie den Gläubigen, egal, welcher Konfession, zu überlassen. André Comte-Sponville zeigt Wege auf zu einer Spiritualität ohne Gott, ohne Dogmen und ohne Kirche. Seine Argumentationen sind erfrischend unverkrampft und klar, schließlich »philosophiert man nicht um der schönen Sätze willen, sondern um Haut und Seele zu retten«. In einer Zeit, in der weder Kirche noch Wissenschaft dem menschlichen Geist ein Zuhause zu bieten vermögen, kommt dieses Buch genau richtig. Es zeigt auf, dass man das Rad der Geschichte nicht zurückdrehen muss, um christliche und andere historisch erworbene Werte aufrechtzuerhalten. Weit entfernt davon, ein Pamphlet für eine Weltanschauung zu sein, ist dies ein zutiefst ehrliches und überzeugendes Buch.

»Welche Spiritualität für Atheisten? Dieses Ende fesselt so stark wie ein Krimi, und deshalb sei daraus nur verraten, dass die erwähnte Gelassenheit dazugehört, und über allem das Staunen ob der Größe und Eindrücklichkeit des Universums.«
Res Strehle / Tages-Anzeiger, Zürich

»Es ist großartig, wie Comte-Sponville von sich ausgehend über sich hinaus denkt und es schafft, auch dieses komplexe Erleben sprachlich zu fassen und nach-denkend abzubilden.« *Barbara Dobrick / Deutschlandradio Kultur, Berlin*

»Große Ideen – klug, humorvoll und klar dargestellt.« *Publishers Weekly, New York*

Kann Kapitalismus moralisch sein?

Deutsch von Hainer Kober

Kann Kapitalismus moralisch sein? Diese Frage geht uns alle an. Und zwar nicht nur in Zeiten der Rezession. Denn ob wir es wollen oder nicht: Mit unserer Arbeit, unseren Wertschriften und Bankkonten und mit unserem Konsum sind wir Teil eines ökonomischen Systems, das die einen zu Gewinnern, die anderen zu Verlierern macht. André Comte-Sponville geht den unterschiedlichen Einstellungen zum Thema Unternehmungsführung nach und unterzieht die Mechanismen der Wirtschaft sowie der Moral einer Analyse.

»Geschichte und Wirtschaft sind nicht moralisch – dennoch sollten wir versuchen, es zu sein.«
André Comte-Sponville

»André Comte-Sponville geht eine ganze Reihe von aktuellen ökonomischen Fragen an, oft humorvoll und immer klar und anschaulich. Als Philosoph versucht er, der Wahrheit, die sich hinter dem Zeitgeist und den Modeströmungen verbirgt, auf die Spur zu kommen. Das alles macht dieses Buch interessant für jeden!«
Pierre-Antoine Delhommais / Le Monde, Paris

Glück ist das Ziel, Philosophie der Weg

Deutsch von Hainer Kober
Mit Zeichnungen von Jean-Jacques Sempé

Philosophie kann man nicht lernen, man kann nur lernen zu philosophieren. Und Philosophieren heißt, selbst zu denken. Dabei geht es stets um die Frage: Wie soll ich leben? Die Philosophie gibt keine absoluten Antworten, keine Rezepte. Aber Anregungen und Vorschläge, über die man nachdenken, die man verwerfen oder annehmen kann.

André Comte-Sponville macht es uns vor. Er lässt uns dabei zuschauen, wie er seine Gedanken entwickelt. Sei es, indem er in sich hineinhorcht, sei es, indem er andere Philosophen zu Rate zieht, um an ihnen seine ureigenen Gedanken zu den ewigen philosophischen Themen zu formen.

Zwölf philosophische Betrachtungen zu den ewigen Themen der Menschheit: über Liebe, Tod, Erkenntnis, Freiheit, Gott, Atheismus, Moral, Politik, Kunst, Zeit, Menschsein und Weisheit.

»Weisheit ist ein *Savoir-vivre*, Wissen, das das Leben betrifft. Philosophie bringt uns der Weisheit näher. Es geht darum, besser zu denken, um besser zu leben.«
André Comte-Sponville

Michel de Montaigne
im Diogenes Verlag

»Nur zwölf Generationen trennen uns von diesem gesunden Einzelexemplar zwischen den Zeiten. Nur? Wenn es um Liebe und Eifersucht, um Schmerzen und Angst, Selbsterkenntnis und selbst gelegte Fallen im Alltag geht, ist Michel de Montaigne Zeitgenosse.«
Mathias Greffrath

»Daß ein solcher Mensch geschrieben hat, dadurch ist wahrlich die Lust, auf dieser Erde zu leben, vermehrt worden.« *Friedrich Nietzsche*

Essais
nebst des Verfassers Leben nach der Ausgabe
von Pierre Coste, aus dem Französischen
übersetzt von Johann Daniel Tietz
Mit Personen- und Sachregister sowie einem Nachwort
zu dieser Ausgabe von Winfried Stephan
3 Bände im Schuber oder in Kassette

Tagebuch einer Reise nach Italien
über die Schweiz und Deutschland
Deutsch von Ulrich Bossier
Mit einem Vorwort von Wilhelm Weigand

Über Montaigne
Aufsätze und Zeugnisse von Blaise Pascal bis Elias Canetti
Herausgegeben von Daniel Keel
Deutsch von Irene Holicki und Linde Birk
Mit Chronik und Bibliographie

Michel de Montaigne
Eine Biographie von Wilhelm Weigand

Matthias Greffrath
Montaigne heute
Leben in Zwischenzeiten

Arthur Schopenhauer
im Diogenes Verlag

Der komplette Schopenhauer: Jeder Band bringt den
integralen Text in der originalen Orthographie und
Interpunktion Schopenhauers; Übersetzungen und sel-
tene Fremdwörter sind in eckigen Klammern eingear-
beitet; ein Glossar wissenschaftlicher Fachausdrücke
ist als Anhang jeweils dem letzten Band der *Welt als
Wille und Vorstellung*, der *Kleineren Schriften* und der
Parerga und Paralipomena beigegeben. Die Textfas-
sung geht auf die historisch-kritische Gesamtausgabe
von Arthur Hübscher zurück; das editorische Mate-
rial besorgte Angelika Hübscher.

Gesammelte Werke
10 Bände in Kassette
Alle Bände auch als Einzelausgaben erhältlich

*Die Welt als Wille
und Vorstellung* I
in zwei Teilbänden

*Die Welt als Wille
und Vorstellung* II
in zwei Teilbänden

*Über die vierfache Wurzel
des Satzes vom zu-
reichenden Grunde /
Über den Willen in
der Natur*
Kleinere Schriften I

*Die beiden Grundprobleme
der Ethik: Über die Freiheit
des menschlichen Willens /
Über die Grundlage der
Moral*
Kleinere Schriften II

Parerga und Paralipomena I
in zwei Teilbänden, wobei der zweite
Teilband die ›Aphorismen zur Lebensweisheit‹ enthält

Parerga und Paralipomena II
in zwei Teilbänden

Außerdem erschienen:
*Denken mit
Arthur Schopenhauer*
Vom Lauf der Zeit, dem wahren Wesen der Dinge,
dem Pessimismus, dem Tod und der Lebenskunst
Herausgegeben und mit einem Nachwort von Otto A. Böhmer

Aphorismen zur Lebensweisheit
Mit einem Nachwort von Egon Friedell

Dalai Lama
im Diogenes Verlag

Tenzin Gyatso, 14. Dalai Lama, wurde 1935 in Osttibet geboren und mit fünf Jahren als geistliches und weltliches Oberhaupt der Tibeter eingesetzt. Bei der Annexion Tibets durch China ging er 1959 ins Exil. 1989 wurde ihm der Friedensnobelpreis verliehen. Nach einer Umfrage von GEO-Wissen gilt er als der Weiseste der Weisen. ›Dalai Lama‹ bedeutet im Tibetischen denn auch: Lehrer, dessen Weisheit so groß ist wie der Ozean.

»Eine Begegnung mit dem Dalai Lama verändert unser Leben. Herz und Verstand erfahren eine vollkommene Wandlung. Der Dalai Lama ist der einfachste und der komplexeste Mensch, den ich kenne. Er ist Künstler und Bauer. Er ist – wie jeder große Geist – dazu fähig, uns auf allen Ebenen anzusprechen.« *Richard Gere*

»Der Dalai Lama engagiert sich für die Werte, die jeder anständige Mensch bejaht. Er setzt sich ein für Frieden, für Gerechtigkeit und für alles, was das Leben lebenswert macht.« *Nelson Mandela*

Ratschläge des Herzens
Aufgezeichnet und mit einem Vorwort
von Matthieu Ricard. Aus dem Französischen
von Ingrid Fischer-Schreiber
Auch als Diogenes Hörbuch erschienen,
gelesen von Hannes Jaenicke

Mitgefühl und Weisheit
Ein Gespräch mit Felizitas von Schönborn
Mit einem Vorwort des chinesischen Dissidenten
und Bürgerrechtlers Wei Jingsheng

Meine spirituelle Autobiographie
Herausgegeben von Sofia Stril-Rever
Aus dem Französischen von Inge Stadler
Auch als Diogenes Hörbuch erschienen,
gelesen von Hanns Zischler

Amélie Nothomb
im Diogenes Verlag

»Ein Nothomb-Buch ist immer: voller Anekdoten, Schwung und wörtlicher Rede. Schlau komponiert, humorvoll trocken, ein bisschen weise und sehr unterhaltsam.« *Jochen Förster/Die Welt, Berlin*

»So jung und so genial.«
Süddeutscher Rundfunk, Stuttgart

»Erstaunlich, wie profund und abgründig Amélie Nothomb erzählt.«
Christian Seiler/Die Weltwoche, Zürich

»Ein literarischer Superstar.«
Frankfurter Rundschau

»Wie herrlich kann Bosheit sein, wenn sie in guter Prosa daherkommt!« *Le Nouvel Observateur, Paris*

Die Reinheit des Mörders
Roman. Aus dem Französischen von Wolfgang Krege

Liebessabotage
Roman. Deutsch von Wolfgang Krege

Der Professor
Roman. Deutsch von Wolfgang Krege

Mit Staunen und Zittern
Roman. Deutsch von Wolfgang Krege

Quecksilber
Roman. Deutsch von Wolfgang Krege

Metaphysik der Röhren
Roman. Deutsch von Wolfgang Krege

Kosmetik des Bösen
Roman. Deutsch von Brigitte Große

Böses Mädchen
Roman. Deutsch von Brigitte Große

Attentat
Roman. Deutsch von Wolfgang Krege

Reality-Show
Roman. Deutsch von Brigitte Große

Biographie des Hungers
Roman. Deutsch von Brigitte Große

Der japanische Verlobte
Roman. Deutsch von Brigitte Große

Winterreise
Roman. Deutsch von Brigitte Große

Den Vater töten
Roman. Deutsch von Brigitte Große

So etwas wie ein Leben
Roman. Deutsch von Brigitte Große

Blaubart
Roman. Deutsch von Brigitte Große